职业院校技术创新与社会服务实践

李 伟 黄 亮/著

U0748014

ZHIYE YUANXIAO
JISHU CHUANGXIN YU
SHEHUI FUWU SHIJIAN

湖南铁道职业技术学院国家「双高计划」建设成果

中南大学出版社·长沙
www.csupress.com.cn

图书在版编目（CIP）数据

职业院校技术创新与社会服务实践／李伟，黄亮著.
—长沙：中南大学出版社，2023.12
ISBN 978-7-5487-5648-4

Ⅰ．①职… Ⅱ．①李… ②黄… Ⅲ．①高等职业教育
—教学研究 Ⅳ．①G718.5

中国国家版本馆 CIP 数据核字（2023）第 227396 号

职业院校技术创新与社会服务实践
ZHIYE YUANXIAO JISHU CHUANGXIN YU SHEHUI FUWU SHIJIAN

李伟　黄亮　著

□出 版 人	林绵优		
□责任编辑	唐天赋		
□责任印制	唐　曦		
□出版发行	中南大学出版社		
	社址：长沙市麓山南路	邮编：410083	
	发行科电话：0731-88876770	传真：0731-88710482	
□印　　装	长沙创峰印务有限公司		

□开　　本	710 mm×1000 mm 1/16	□印张 16	□字数 243 千字
□版　　次	2023 年 12 月第 1 版	□印次 2023 年 12 月第 1 次印刷	
□书　　号	ISBN 978-7-5487-5648-4		
□定　　价	68.00 元		

"双高计划"建设成果编撰工作委员会

Compilation Committee of "Double High-levels Plan" Achievements

主 任

方小斌　张　莹

常务副主任

刘志成

副主任

彭新宇　郑明望　唐伟奇　胡颖蔓　易今科　唐亚平

成 员 （按姓氏笔画排序）

王新初	邓木生	叶小红	田文艳	史景锋	丛　峰
宁云智	朱宇轩	刘　捷	齐绍琼	汤　劲	杨　成
杨文治	李　成	李　伟	李艳萍	肖素华	谷利成
邹群峰	张　琳	张志刚	张翠英	陈承欢	陈斌蓉
罗　伟	罗　奕	周文军	周　虹	郑　伟	段树华
贺静波	莫　坚	高　峰	唐志勇	陶　艳	黄刘婷
曹雄彬	彭　勇	臧晓菁	熊　昇		

序 言

Foreword

　　"参天之木，必有其根；怀山之水，必有其源。"湖南铁道职业技术学院创办于 1951 年，它因铁路而成立，伴铁路而成长，随铁路而成名，被誉为轨道交通行业的"黄埔军校"，办学水平位列全国职业教育第一方阵。72 年来，学校秉承"明德、弘毅、博学、笃行"的校训，深耕于轨道交通装备制造全产业链，形成了覆盖高铁、普铁、地铁等轨道交通装备制造、运用、控制与管理产业链的专业群，培养出一大批具有"家国情怀、宽广视野、阳光心态、火车头精神"的湖南铁道特质学子。据不完全统计，毕业生中成长为"全国劳模"、中国中车"高铁工匠"及全国、全路技术能手等达 127 人。

　　"于高山之巅，方见大河奔涌；于群峰之上，便觉长风浩荡。"2019 年 12 月，学校迎来了高质量发展的高光时刻：学校凭借高水平的办学成果和高质量的人才培养体系成功入选"中国特色高水平高职学校和专业建设计划建设单位"（即"双高计划"建设单位）。近年来，学校坚持以习近平新时代中国特色社会主义思想为指导，全面贯彻落实党的教育方针，围绕立德树人根本任务，与新时代职业教育发展同向，与轨道交通装备产业同行，与湖南省及株洲市经济发展同频，深化综合改革，加强发展内涵建设，推动职普融通、产教融合、科教融汇，全面凸显职业教育类型特征，聚焦国家"双高计划""一个加强、四个打造、五个提升"的建设任务，对标对表、提质培优、创新创高，构建了以"厚基础、重复合、强素养"为目标导向的人才培养体系，致力于为轨道交通行业和地方培养基础扎实、德技并修的发展型、复合型、创新型、国际化高素质技术技能人才，在 2022 年国家"双高计划"建设中期绩效评价中获得"优秀"。近年来，学校产出了 4 个全国党建工作标杆院系/样板支部、6 项国家级教学成果奖/全国优秀教材奖、2 个国家级职业教育专业教学资源库、7 门国家精品课程、3 支全国高校黄大年式教师团队/国家级职业教育教师教学创新团队、4 个国家示范性职业教育集团等全国性产教融合平台、3 个国家级职业教育教师培训基地等一大批标志性成果和多个具有示范性、引领性的现代职业教育发展范式。2023 年学校成为首个国家重大行业产教融合共同体——"国家轨道交通装备行业产教融合共同体"副理事长单位、职业院校牵头单位和全国首批 28 个国家级市域(株洲市)产教联合体牵头学校，成为教育部首批试点的先进轨道交通装备重点领域职业教育专业课程改革牵头学校，展现了学校在引领改革、支撑发展方面的重要贡献。

为进一步总结"双高计划"建设经验，学校成立了"双高计划"建设成果编撰工作委员会，组织专门力量整理、编写了湖南铁道职业技术学院国家"双高计划"建设成果系列丛书，旨在从党建思政、教育教学、双师队伍、产教融合、现代治理、教育数字化等方面全方位进行总结，进一步提炼学校办学特色、模式、机制，固化教育教学改革成果，全面彰显学校"双高计划"建设的"高""强""特"的建设成效。

感谢一直以来关心和支持学校发展的各级领导和各界朋友，致敬在学校"双高计划"建设过程中担当作为、无私奉献的广大师生员工。谨以此序，为学校的首轮"双高计划"建设画上圆满的句号，同时，吹响下一轮"双高计划"建设提质进位的号角。

2023 年 12 月

前 言

Preface

在当今科技快速发展的社会环境下，职业院校技术创新与社会服务的角色变得愈发重要。这一领域既关乎职业院校的发展，也关系到社会的进步与繁荣。职业院校的技术创新不仅培养了高素质的技术人才，还鼓励了企业的技术创新与产业升级。通过积极参与社会服务，职业院校不仅可以将自身的专业知识和技能与社会需求相结合，还可以培养更多的对社会有用的人才，促进社会和谐与发展。职业院校的社会服务不仅包括技术创新，还涉及解决社会问题和提升生活质量的方方面面。通过为各个年龄段和社会背景的人提供教育机会，社会结构将更加均衡，人才也将更广泛地参与到社会发展中。职业院校的技术创新与社会服务实践提升了职业教育的社会形象，为职业院校树立了良好的品牌形象，吸引了更多有志于职业教育的学生，推动了职业院校的发展。总之，职业院校技术创新与社会服务实践不仅在教育领域有着深远的影响，还对社会的全面发展产生了积极而持久的作用。

为了更好地理解职业院校在技术创新和社会服务方面的实践，本书深入剖析湖南铁道职业技术学院的成功经验，并探讨其对其他职业院校及教育界的启示。湖南铁道职业技术

1

职业院校技术创新与社会服务实践

学院不仅是一所杰出的职业院校，更是中国职业教育事业的代表之一，其在技术创新、产教融合、终身学习、社会服务等方面的实践为中国职业院校提供了新的思路。

本书的内容分为8个章节，每个章节都深入研究不同方面的实践案例，涵盖从技术创新到社会服务的多个领域。我们探讨了创新的教育模式、跨界融合的实践探索、与"一带一路"倡议的合作、对口帮扶中职、老年人终身学习、校企合作新模式等多个关键领域，以展示湖南铁道职业技术学院在不同层面的卓越实践。

本书的目标是为广大教育工作者、政策制定者、学生和其他利益相关者提供有益的信息和灵感，以促进职业院校在技术创新和社会服务领域的发展。我们希望通过分享湖南铁道职业技术学院的实践经验，鼓励更多的职业院校积极探索创新之路，实现教育事业的不断进步，服务社会的持续提升。

在编写本书的过程中，我们深入挖掘湖南铁道职业技术学院的成功案例，分析案例背后的关键因素，并提供实用的建议。我们相信，通过这些案例的分享，可以推动中国职业教育事业的进一步繁荣，培养更多有用的人才，为国家和社会的可持续发展贡献力量。

最后，我们要感谢湖南铁道职业技术学院及其全体教职员工在技术创新与社会服务领域所付出的努力和奉献，特别感谢王星、罗路遥、李天姣三位老师及于玥参与本书的编写。他们的实践不仅为本书提供了丰富的素材，更为整个职业院校和职业教育领域树立了积极的榜样。我们也要感谢读者的关注和支持，希望本书能够为大家提供有价值的信息和启示，促进职业院校的发展和社会服务的提升。

目 录

Contents

导　论

　　当前，科技创新在第四次工业革命中发挥了核心和基础作用，创新由传统的线性模式转向非线性模式，经济社会发展逐步由要素驱动转向创新驱动。2019年3月教育部、财政部出台的《关于实施中国特色高水平高职学校和专业建设计划的意见》的总体要求中提到，要引领职业教育服务国家战略、融入区域发展、促进产业升级，要聚焦高端产业和产业高端。在中国特色高水平高职学校和专业建设计划（简称"双高计划"）的引领下，职业院校在培养服务区域发展的高素质技术技能人才的同时，也将把服务企业特别是服务中小微企业的技术创新作为办学功能的重要延伸。这需要职业院校进一步明确技术创新定位，聚焦中小微企业技术研发和产品升级等应用性研究，探索符合职业教育特色的技术创新模式，成为区域产业优化升级的重要创新源、技术源和人才源，使技术创新成为职业院校内在基因。面对新技术、新经济、新业态，作为应用技术创新生力军的职业院校，其技术创新能力现状如何，有哪些相关性因素会影响其技术创新能力，以及如何有针对性地提升职业院校技术创新能力，是一个具有现实意义的研究课题。

第一章

职业院校技术创新与社会服务的现状

在现代社会，技术创新不仅仅是产业发展的引擎，更是培养高素质人才的关键。在当今快速发展的社会中，职业院校扮演着至关重要的角色，既是技术创新的源泉，又是社会服务的重要推手。职业院校作为培养技术技能人才的摇篮，其技术创新的现状直接关系到我国技术发展。本章将深入探讨职业院校技术创新与社会服务的现状，深入分析技术创新的定义、"双高校"①技术创新的现状，并深入研究技术创新背后的困境与挑战。通过对这些问题的深入研究，我们可以更好地了解职业院校在技术创新领域所担当的角色与面临的挑战，为未来的发展指明方向。与此同时，职业院校的社会服务使其在社会中扮演着桥梁和纽带的角色。近年来，湖南职业院校的社会服务在多个领域取得了一些成果，但也面临着

① "双高校"指入选"双高计划"的院校。

日益复杂的挑战。本章将详细分析近几年来湖南省职业院校社会服务的实际情况，剖析社会服务中的困难和问题，提出系统变革的策略，以期为职业院校的社会服务能力提升提供有益的参考。

通过对职业院校技术创新和社会服务现状的全面剖析，我们将在本章深入挖掘问题的本质，为职业院校的未来发展提供有力支撑。

1.1 职业院校技术创新现状

探索符合职业教育特色的技术创新模式是当前经济发展模式下对职业院校提出的新挑战。基于职业院校技术创新能力综合指数模型的分析结果显示，技术研发能力是职业院校技术创新的核心竞争力，目前职业院校还存在着产学研合作服务水平低、发展差异巨大和科技成果转化水平极低等问题。相关调研分析也显示，职业院校所在的城市、学校举办者性质等层面对院校的技术创新能力有显著影响，提升职业院校技术创新能力应着力于四个方面：搭建集成化产教综合体平台，提升技术创新综合实力；深化科技创新制度改革，推动高端技术创新团队的建设；聚焦区域社会经济发展，凸显技术创新服务的地域性特征；提高科技成果的含金量，加速技术创新，对接产业发展[①]。

1.1.1 技术创新的定义

技术创新这个概念最早由管理学大师熊彼特（1912 年）提出，并逐步开

① 韦清. 高职院校技术创新能力发展现状及提升对策研究——基于 78 所国家示范性高职院校的实证分析[J]. 职业技术教育，2020，41（2）：6-11.

启了"技术创新经济学"的研究。按照熊彼特及其后继者的创新理论，技术创新主要包括三个方面，即技术创新、技术发明与技术扩散，其中既包括新技术、新工艺与新产品的研究开发，也包括组织创新、管理创新与市场创新。这表明技术创新不仅需要新思想和新技术的发明，还必须包含新技术在经济价值上的转化。高等职业教育具有高等教育与职业教育的双重属性，校企合作和产教融合是高等职业教育贯穿始终的生命线。因此，职业院校技术创新是高校知识创新和企业技术创新的结合，既要体现知识创新首创性、独特性的特点，又要体现服务产业应用性、经济性的特点。职业院校技术创新不仅包含新的科学理论、技术知识等以知识形态作为产出的科学实践活动，也包含技术改造、工艺提升、产品生产、市场销售等生产经营实践活动。衡量职业院校技术创新成果需同时兼顾学术、技术层面的水平以及成果创造的经济价值。

1.1.2 "双高校"技术创新的现状

1.1.2.1 技术研发能力是核心竞争力但发展不平衡

有两方面内容对职业院校的应用技术研发与创新能力的权重占比最大，一是研发人员和学术成果的数量，二是应用技术研发和服务情况。这两个数据反映的都是职业院校的应用技术研发与创新能力。其中"当年拨入科技经费——政府资金"数据反映的是学校承担国家各级政府科技管理部门组织的基础研究和应用技术研究的规模。根据我国科技计划项目体系，科技课题一般通过竞争性评选获得，且政府资助额度一般与所攻关项目的重要度、难易度等成正比。"发明专利"数据一般来说反映的是在进行技术开发、新产品研制过程中取得的含有较高技术水平的成果。根据《湖南省高等职业教育质量年度报告（2023）》，发现技术创新能力排名靠前的职业院校的"当年拨入科技经费——政府资金"和"发明专利"两项数据均表现较好。排名前 10 位的院校"当年拨入科技经费——政府资金"数据与其他院校拉开了较明显的差距，排名前 3 位的院校在该数据上领先于其他院校 2 倍以上。排名前 15 位的院校,"发明专利"数据也远超其他院校,拉开较明显的差距。但排名靠后的 10 所院校,这两项数据表现很差,与排名前 10 位的院校相比有巨大的差距。可见应用技术研发能力体现的是服务创新发展的核心竞争力,但目前各示范院校的发展却非常不均衡。

1.1.2.2 职业院校产学研合作服务缺乏优势且差异巨大

"当年拨入科技经费——企业资金"数据体现的是职业院校与企业之间的产学研互动,反映的是职业院校技术创新服务企业、服务产业的水平。根据各院校的技术创新能力排名,进一步分析 78 所国家示范性院校的"当年拨入科技经费——企业资金"数据,可以发现各院校之间横向技术服务水平差异显著,呈现明显的 4 个梯队,且各梯队之间差距极为悬殊。第一梯队是排名前 5 的院校,当年企业资金到款额均在 1000 万元以上,排名第 1 的院校当年企业资金到款额将近 3000 万元;第二梯队为排名第 6~22 位的院校,当年企业资金到款额均在 100 万元以上,且仅有 2 所院校到款额在 500 万元以上;第三梯队为排名第 23~46 位的院校,当年企业资金到款额在 100 万元以下;第四梯队为排名第 47 位以后的 33 所院校,他们的当年企业资金到款额均为 0,没有横向技术服务到款。由此可以看出,即使是重点培育的国家示范性院校,整体的产学研服务水平仍都处在较弱的水平,而且院校之间发展不平衡,差异巨大。

1.1.2.3 职业院校科技成果应用与转化的水平仍然很低

"技术交易到款"数据体现的是职业院校技术成果转化于企业生产实际的水平,可以反映职业院校技术创新的应用性和经济性。根据各院校的技术创新能力排名,进一步分析 78 所国家示范性院校的"技术交易到款"数据,发现其整体呈现的梯队及差异,与上文所述的"当年拨入科技经费——企业资金"数据呈现的相接近,也表现出从 2000 万元到 0 元的 4 个梯度的显著差距,不同示范性院校之间发展极不均衡。同时,职业院校科技成果转化的整体规模仍非常小,78 所国家示范性职业院校 2017 年当年技术交易到款总和为 3 亿多元。从《中国科技成果转化年度报告》①中的 2017 年全国高等院校技术交易到款排名来看，3 亿多元的到款总额仅能位列第 43 位。排名第 1 的清华大学技术成果交易到款为 20 亿元，是 78 所职业院校到款总和的 7 倍。科技成果的应用与转化水平体现的不仅是一个院校科技成果的"技术值"与"含金量"，更是院校与企业之间的"合作度"与"互动值"。结合上文可以综合得出，目前职业院校与企业之间的互动与合作成效未及预期，不仅职业院校与企业合作开展的技术研发在规模上缺乏显著优势，而且职业院校产生的技术成果也没有大量、有效地投入企业转化为生产力。

1.1.3　技术创新面临的困难及应对措施

（1）面临的困难。

第一，对职业院校技术创新工作重要性的认识不足。

第二，职业院校科技体制改革未进一步深化，还不太有利于成果转化和高新技术产业化。

第三，产学研结合还不够深入，教师与社会各界合作不积极主动也不全面深入。

第四，未实施高新技术产业化工程，促进高新技术产业发展力度不够，未逐步建立现代企业制度。

第五，未注重科技成果孵化，未建设大学科技园。

第六，对留学人员回国创业与服务扶持不够，缺乏留学生创业园等多种形式基地。

第七，现代信息技术运用不充分，信息化进程缓慢。

第八，对学校科技创新方面的政策支持还不够。

第九，技术创新资金来源单一，主要依靠上级项目支持。

第十，职业院校科技创新方面的人才来源渠道单一，学校装备落后，缺少专家技术指导，造成技术瓶颈无法突破。

---

① 中国科技成果转化年度报告[M].北京：科学技术文献出版社，2019.

（2）应对措施。

第一，政府和学校提供政策支持。技术创新的背后需要政策支持，政府与学校都要出台相关支持政策，进行一定程度的奖励、鼓励、支援，这样职业院校教师才有更多动力和财力、物力去进行技术创新。现在进行技术创新的成本逐渐升高，为了避免重复，更需要我们去查重，取其新意。

第二，加大创新人才培养力度。技术创新与科技成果转化和高新技术产业化的关键在人才。各地教育行政部门和职业院校要进一步营造良好政策环境，全面推进素质教育，注重人才的创新、创业能力培养，加快创新创业人才和顶尖人才培养的步伐，为国民经济建设和社会发展、国防安全输送急需的高层次专门人才。

第三，改革和完善职业院校综合评估体系，把科技成果转化和高新技术产业化作为职业院校综合评估的重要指标之一。通过评估政策导向，调节并促进职业院校充分实现各项功能。

第四，加强职业院校科技园区建设。教育部将会同科技部等有关部门创造政策环境和条件，进一步发展职业院校科技园。为留学生创业园建设创造有利条件。鼓励支持职业院校教师和科技人员、留学回国人员及在校学生在职业院校科技园区创办科技企业。职业院校科技园建设要按照"统筹规划，以人为本，市场推动，扩大开放"的指导方针，产学研结合，集中管理，开放经营，把职业院校科技园办成高新技术企业孵化基地，创新创业人才培养基地，高新技术产业发展基地以及科技、市场与金融信息集散中心。

第五，鼓励并支持职业院校及其科技人员创办技术创新服务机构、技术评估机构、技术经纪机构和信息咨询服务机构等企业性科技中介服务机构，鼓励、支持和吸引留学人员回国创办中介服务机构，为企业提供经营管理、技术、市场营销、人才、信息、财务、金融、法律等方面的服务。对职业院校教师和科技人员从事中介服务工作的，根据其工作业绩，按照有关政策给予相应奖励。

1.2 职业院校社会服务现状

职业院校作为教育机构，其功能包括了教学活动和社会服务。而其在为社会经济发展服务、为产业部门培养各类专业人才方面的服务的社会功能更为突出。职业院校社会服务的职能是以培养动手能力强的技能人才为依托，有计划、有针对性地面向社会现实需求，提供技术性的服务。其主要任务是向区域和行业提供应用技术型和高技能型的人才培训与培养，提供技术创新、推广和服务，使职业院校成为地区经济发展中的技术技能培训中心、新技术的研发推广中心、区域学习型社会中心。

1.2.1 职业院校社会服务的含义

职业院校社会服务的含义有广义、狭义之分。其广义是指学校的社会功能和角色，包括培养人才、发展科学技术以及直接为社会服务等；其狭义是指学校在完成国家下达的教学与科研任务之外，在各种教育活动和教育过程中以各种形式为社会发展所做的经常的、具体的、服务性质的活动。职业院校社会服务是以培养高层次人才和产出高水平的科研成果为依托，有目的、有计划地面向社会现实需要，提供学术性的服务。各类高等学校人才培养定位不同、层次不同，其服务的特色也不尽相同。职业院校社会服务的主要任务是向区域和行业提供技术应用型和高技能型的人才培训与培养，提供技术创新、推广和服务，实施先进文化的传播和辐射，使学校成为区域的技术技能培训中心、新技术的研发推广中心、区域学习型社会中心，具有鲜明的区域性和行业性特征。

教育部指出，坚持高等职业教育的开放性、实践性和职业性，走校企合作、工学结合之路是高等职业教育教学改革与发展的必然，其中，提高社会服务能力是高等职业院校适应社会需求以及生存的重要条件。与普通高等教育相比，高等职业教育作为我国高等教育的一种类型，以直接为社会经济发展服务、为区域经济发展培养高素质技能型人才为办学宗旨。总之，其服务社会的功能更为突出。职业院校的社会服务带有鲜明的区域性、行业性等特征，其社会服务所承担的任务与内容特色鲜明，加之社会服务问题是一个内涵不断拓展、目标不断提升、思路不断创新、任务不断更新的课题，因此，关于职业院校社会服务的问题，在理论研究上尚存在着不少空白点，有待不断深化认识，拓宽研究思路，拓展研究领域；对于在实践中如何进一步提升社会服务能力，探索和创新社会服务模式，开展有职业院校特色的社会服务问题，也需在实践层面进行探索和突破。

1.2.2 职业院校服务地方经济社会发展的内容

（1）研发服务。

利用学校的知识和科技资源，与行业、企业在优势互补、互惠互利的基础上，开展科研技术攻关、项目论证评审和技术开发等工作，鼓励学校教师与企业联合开展应用性技术研究和横向课题研究，在企业获得院校技术支持和帮助的同时，院校教师也获得了实际工作锻炼的机会，提高了学校社会服务的能力。

（2）培训服务。

面向社会的培训工作是扩大职业院校社会影响的平台，也是职业院校事业发展的再生社会资源，职业院校可以充分利用自身的专业师资、设备、场地等资源，积极开展多层次、多形式、多对象的专业岗位培训，开展面向社会的职业资格培训、认定和考证工作。

（3）继续教育服务。

积极与高等学校开展远程教育、自学考试、成人高等教育合作，为企业职工和社会成员提供多样化继续教育服务；与中职院校开展以提升学历层次为目标的继续教育合作，为中职毕业生在岗接受高等学历教育创造优越的学习条件。

（4）人才服务。

培养高素质技能型人才是职业院校为地方经济社会发展服务的主要任

务。职业院校要增强人才培养的针对性和实用性,为地方经济社会建设特别是支柱产业和新兴产业培养留得住、用得上的高素质技术应用型人才。

(5)文化服务。

职业院校是地方的文化精英单位,具有很强的文化传播、辐射功能和带动作用。职业院校为社区服务的途径是多种多样的,如为居民无偿地进行教育、培训、医疗卫生、就业转岗等方面的社会服务,同时还可积极向社区开放自身丰富的物质、信息资源,向社区居民提供先进的教学与培训设备、丰富的活动设施和宽敞的活动场地,使大学校园日益成为社区的科技、文化、体育活动中心。

1.2.3 职业院校完善社会服务功能的方向

(1)确立正确的办学定位和办学指导思想是职业院校进一步增强社会服务功能的根本保证。

职业院校能否有效地实现自己的社会服务功能,关键在于领导班子是否有一个正确的办学定位和办学指导思想。领导班子应对学校定位准确,始终把为地区经济建设和社会发展服务作为学校的办学宗旨,立足地方、面向全国坚持高等职业教育办学方向,建立机制提升教师服务企业的水平,搭建继续教育的信息化平台,满足区域社会终身学习需要,主动适应区域产业结构升级及对接区域经济社会发展需要,全方位提升学校办学实力。如此才有学校的发展及繁荣。

(2)提升职业院校的内涵建设,增强社会服务功能。

职业院校发挥好自身的社会服务职能是其内涵建设的重要方面,也是其发挥引领作用的具体体现。职业院校要进一步增强社会服务功能,必须创新人才培养机制,注重培养技术应用型人才,建设高质量"双师型"师资队伍,提升内涵建设,在积极为社会服务的同时为自身的发展提供更多的支持、更广阔的发展空间。职业院校可利用校企合作形成的紧密型办学体制机制,以校企合作发展为主线,以专业建设、课程改革、人才培养模式改革、生产性实训基地建设、"双师型"专业教师队伍建设为关键,建立起以学生学习能力、职业能力和综合素质为主要维度的学生学业考核与评价体系，健全以企业满意度、毕业生就业率、就业质量为核心指标的教学质量保障体系，有效引导教师教学观、学生学习质量观以及教学质量观的改变，教育教学改革深入人才培养过程的各个环节，合力培养品德高尚、技能精湛、创新奋进的高素质高级技能型专门人才，整体提升学校综合办学实力和社会服务能力，为地方经济提供人才与智力支撑。

（3）整合各方资源，拓展社会服务领域，全方位提升服务功能。

加强资源有效整合，发挥各方面的积极性，拓展社会服务领域，全面系统推进，是职业院校进一步增强社会服务功能的有效途径。职业院校应结合自身的办学能力，以政府、企业、行业等的支持为保障，加强资源整合，积极拓展社会服务领域。职业院校要面向地方和区域开展教学服务，要成为区域内重要的人才培训中心。职业院校要根据区域经济发展对人才的需求，对区域的企业和人力资源进行实用技术技能培训，提高本区域的劳动力素质，满足区域经济对人才的需求。

职业院校的社会服务能力建设是一项长期的重要任务，也是职业院校的重要社会责任。随着国家示范性高等职业院校建设计划的推进，各职业院校将积极探索富有各自特色的社会服务模式，职业院校整体的社会服务能力、辐射能力必将会不断增强。

1.2.4 湖南省职业院校社会服务遇到的困难

近年来湖南省职业院校进行社会服务遇到了诸多困难。

一是国务院科学研制了职业教育服务社会专项政策，但关于职业教育服务社会的顶层设计、科学谋划和统筹协调的政策还不够完善，全社会对职业教育服务社会的认知不够正确、对政策知晓率低。

二是地方政府和各级各类职业院校虽然重视职业教育服务社会工作，但没有规范性强、针对性高、操作灵活和受益广泛的配套政策机制。

三是政府、职业院校和教育科研机构沟通少、深度合作少，政府统筹指导、院校组织实施、行业企业有效融合、教育科研机构有力支撑的"研学产用"体制机制暂不健全。

1.2.5 职业院校社会服务面对的问题

职业院校社会服务面对的问题主要如下：

（1）意识薄弱。

在办学思想上，停留在较为传统陈旧的意识层次，满足于完成一般教育教学工作，与社会的关联仅限于培养输送技能型人才，未将直接的社会服务作为与人才培养、科技研发等并举的职能看待。近年来，职业院校为行业企业服务的意识有所提升，但为社区服务的意识仍然极为淡薄。在作为社会服务承担主体的师资队伍中，很大一部分教师对于社会服务工作也缺乏认识和主动性，在观念上认为教师就是上课的，社会服务与教师无关等。

（2）导向偏差。

在价值导向上，存在一定的学术导向和简单功利导向。学术导向主要体现为重研不重用，重论文重评奖不重市场等。在教师职务晋升、绩效考评中对社会服务成效的激励不足，降低了教师参与工作的热情。简单功利导向主要表现在社会培训工作上，不少职业院校仅仅将其定位为创收增收渠道，利益优先，规模优先，偏向于"成本低、产出快、成果多"的项目，而忽视质量提升和特色打造，缺乏长期性和系统性的质量提升思考与行动。

（3）能力不足。

在服务能力上，职业院校人力资源能力水平起点相对较低，基础较为薄弱，发展数量规模虽然占据教育体系"半壁江山"，但大而不强、质量不高的历史问题还将在一定时期内存在，直接造成在社会服务工作上有心无力。目前职业院校教师来源仍然比较单一，"双师型"教师培育和引进不够理想，教师知识储备大多停留在书本和理论上，年龄结构也不够合理，造成既年富力强又富有技能实践经验的社会服务型人才尤为紧缺。

（4）特色不明。

职业和技能特色尚未充分凸显，服务质量和效益社会认可度较低。特色不明意味着核心竞争力差，不具有不可替代性，在行业内没有或很少有话语权，不能有效输出高质量的社会服务产品，例如培训模式和内容、技术咨询方案、行业标准等。

（5）机制欠缺。

社会服务涉及多方利益，为求共赢共发展，需要建立相应的协调、监督和激励机制，才能够实现可持续运行和发展，从根本上改变被动随机的局面。当前职业院校普遍没有设立专门规划和管理社会服务的机构，工作无章可循、不成体系，社会服务成效没有在考评体系中得到充分体现。目前的政策保障比较笼统，不够深入，也存在暂时应激性和难以操作等突出问题。

1.2.6　提升职业院校社会服务能力的应对措施

提升职业院校社会服务能力是一个系统工程，需从以下方面着手。

（1）注重顶层设计，压实服务责任。

在国家层面，应更加关注职业院校社会服务功能的发挥，将社会服务作为职业院校发展壮大、加快实现职业教育现代化的长远战略，作为产教融合深度发展不可或缺的途径与中介。要加大对职业院校社会服务工作的考评力度，将社会服务能力、质量和效益充分体现在职业院校建设项目的验收指标中，用社会服务能力来检验院校的教学与研发水平，引导职业院校明确服务责任，落实社会服务在职业院校发展规划中的定位。研发能力的提升是高质量社会服务的基础和前提。在优化职业教育类型定位的过程中，在科研方面要着重鼓励和保障职业院校应用研发能力的提升，包括平台建设、项目经费、人才培育等方面。

（2）推进开门办学，更新服务理念。

职业院校应进一步更新服务社会仅限于培养输送技能型人才的观念，改变服务模式单一、较少直接参与社会服务的局面，变被动适应为主动融入，全面、精准对接经济社会发展需要，主动将自身置于区域社会经济文化发展大系统中，自觉嵌入本地经济和产业结构之中，以技能应用性特色成为其中不可或缺的组成部分。面向市场把握发展趋势，推进开门办学，引入更多的行业企业，深化校企合作，主动承担市场导向下技术积累和技术研发的任务。

（3）对接社会需求，拓展服务领域、对象及方式。

在经济发展方式转变、产业结构调整的大背景下，社会对职业教育的需求是巨大的。职业院校应面向社会大市场，拓展服务领域、对象及方式。要加强技能人才的继续教育和培训，职业院校要对接产业发展、岗位变化和人才成长需要，拓宽学生学习渠道，遵循全产业链的思想创新培训培养模式，有效结合各类线上线下、长短期培训、理实一体化培训方式，积极搭建各类衔接服务立交桥，为人才的终身学习与终身发展提供支撑。

（4）聚焦应用特色，打造服务品牌。

作为一种教育类型，职业教育的院校相比普通院校，承载着更多打造技能社会的使命。在科研、设备、人才方面的优势和特色主要在于其应用性，在职业院校师资队伍整体人力资本积累层次较低，科学研究相比普通院校来说处于劣势的情况下，发扬应用性特色是实现逆势突围的最佳路径。充分聚焦应用性特色，寻找自身技能资源与社会需求的"耦合点"，因地制宜、因校制宜、因人制宜，借助专业建设、实训基地和应用型人才培养的成果，通过错位和差异化发展，积累和丰富特色性的技术技能服务产品，打造服务品牌，形成相对优势，证明自身价值。有条件的院校还应将创新引领作为社会服务目标，提升社会知名度，为职业教育增强吸引力提供坚实支撑。坚持市场导向和服务导向，在社会服务中放大特长。

（5）改革评价体系，加速服务增能。

职业院校应以社会服务为同等重要的价值导向来改革评价体系，在职称评定、课题申报、干部任免、绩效分配、奖励荣誉等方面适当增加社会服务贡献度的权重。培养一支专业型、技术型社会服务人才队伍，鼓励教师在企业挂职，出任技术顾问，直接参与企业生产，解决实际生产技术问题。

（6）完善治理机制，保障服务权益。

以发展共同体的理念建立治理程序，完善治理机制，打造院校内部各部门和教职员工、院校与政府、行业企业、其他教育科研机构团体、社区居民等广泛参与和沟通的渠道和平台，在组织、制度上保障职业院校在空间、资源上的分享，建立资源共享、风险共担的技术转移与利益分配机制，保障各方权益。职业院校内部，在教学制度安排、收入分配制度等方面出台相应政策，保障教职员工开展社会服务工作的时间和精力投入，鼓励成果转化。

第二章

职业院校技术技能创新服务平台建设

随着社会对技术与技能需求的不断升级，职业院校技术技能创新服务平台建设成了当今教育领域的热点议题。职业院校作为培养技术技能人才的摇篮，承载着创新与发展的重任。为了更好地适应产业升级的需求，职业院校技术技能创新服务平台建设显得尤为迫切和重要。本章全面深入地探讨这一重要议题，提出三个基本原则：职业院校技术技能创新服务平台建设聚焦于"双导向"，找准平台建设定位；深化"三融入"，明晰平台建设路径；强化"四服务"，提升平台建设效益。在此基础上，提出职业院校技术技能创新服务平台建设可行路径：与产业需求的同步，聚焦研究协同创新平台实践；突出应用导向，提升各类服务平台的产出质量；挖掘特色和优势，打造专业特色平台；聚合人才资源，夯牢创新创造基石；加强团队建设，打造品牌科研队伍；创新管理机制，提升成果转化效率；强化"四服务"，建立多元参与的开放创新体系；以研究能力提升为突破口，构建多类型并存的平台团队；健全考核评价和激励机制，提升成果转化效率；推动成果转化，形成科研反哺人才培养的良性循环。

2.1　职业院校技术技能创新服务平台建设原则

2.1.1　"双导向"，找准平台建设定位

需求和应用是技术技能创新服务平台建设的逻辑起点。突出需求和应用"双导向"[①]，就是要坚持"协同创新、开放共享"的建设理念，根据国家需要以及区域经济和社会发展需要，紧密对接现代产业体系，针对行业企业技术工艺和产品研发需求，以解决区域主导产业提升、传统产业转型、行业企业发展中的实际问题和人才培养为根本，校企双方在人才、设备、场地等资源上全方位合作，建设学校、政府、行业、企业、科研院所、社会组织等多元参与的产教融合平台，积极开展技术创新、产品研发、决策咨询、技术服务、创新创业教育和人才培养，使高水平职业院校成为区域科技创新服务的策源地和集聚地。

2.1.2　深化"三融入"，明晰平台建设路径

职业院校建设产教融合的技术技能创新服务平台，产业需求是"原动

① 郭化超，王树梁，张力. 职业院校产教融合型实训基地校企共建模式实践研究——基于山东交通职业学院校企合作"333"模式分析[J]. 天津职业大学学报，2023，32（3）：53-59.

力"，行业企业需要是"立足点"，人才培养是"基本点"。

一是融入产业发展。当前，我国传统产业改造升级不断加快，新兴产业不断产生，经济发展新动能不断增强，科技创新驱动产业发展。

二是融入行业企业发展。以人工智能、物联网、区块链、大数据、虚拟现实等一系列创新技术引领的第四次工业革命，促使行业企业不断探寻新的增长动能和发展路径，新技术、新业态、新模式不断涌现。技术技能创新服务平台建设和发展要融入行业企业，洞悉行业企业发展态势，了解行业企业需求，为行业企业发展解决实际问题，提升职业院校技术技能创新服务平台的生命力，产出行业企业真正需要的技术创新成果。

三是融入人才培养。人才培养是职业院校的根本使命。技术技能创新服务平台聚焦产业发展前沿和高端，汇聚学校、企业、行业、政府多方优质资源，是职业院校专业建设、科技研发、社会服务、教育教学的重要平台。职业院校要以人才培养为中心，确保平台始终服务教学一线，确保平台人才培养功能充分发挥，确保平台研发成果服务学生创新创业教育。

2.1.3 强化"四服务"，提升平台建设效益

服务能力的高低，可以反映职业院校培养高素质技术技能人才、整合社会优质资源、为产业行业企业提供优质服务的能力和水平。技术技能创新服务平台应服务学生成才、教师成长、中小微企业发展和地方产业转型升级。

一是服务学生成才。要充分考虑学生成长规律，结合科技研发项目和内容构建系统化的平台培养体系，制定和完善培养标准，开发基于项目研究过程的创新课程，产教融合，协同育人，为推进课堂革命、实施有效教学、开展现代学徒制等提供有效的平台载体，实现人才培养与技术技能创新的深度互动。

二是服务教师成长。要依托专业群，与行业领先企业合作建设工程技术中心、产品研发中心、协同创新中心、技能大师工作室、企业研究室等，联合开展研究开发、成果应用与推广、标准制定等活动，推动校企科技人员相互交流、相互兼职，有效带动专业教师专业技能和科研能力的提升。

三是服务中小微企业发展。平台建设要充分发挥职业院校在技术技能

积累与创新上的优势，把科技创新的重点放到技术服务、应用技术开发和技术推广上，专业教师主动参与中小微企业课题研讨、技术攻关、新产品开发和技术转移，提供技术攻关和技能培训服务，解决中小微企业科研人员不足、科技创新能力不强的问题，有力支撑中小微企业健康发展。

四是服务地方产业转型升级。技术技能创新服务平台应依托区域主导产业、优势产业和基础产业，充分整合专业、人才和科技优质资源，以有效推进传统行业优化升级、促进支柱产业稳步发展、推动地方高新技术产业快速成长、创新生产性服务业新型发展模式为核心，系统开展科技攻关、产品研发、技术推广、发展咨询、技能培训、成果转化等服务活动，为区域产业发展提供强有力的智力支持与人才保障。

2.2　职业院校技术技能创新服务平台建设路径

2.2.1　与产业需求同步，聚焦研究协同创新平台实践

职业院校技术技能创新服务平台应与产业发展需求相适配，凝练优势研究方向，建设科技攻关协同创新平台；解决社会现实问题，推动产业创新驱动发展，建设品牌智库平台；服务区域重点行业和支柱产业，以专业群为依托，建设应用技术服务平台；响应国家"大众创业，万众创新"号召，建设创新创业平台。职业院校要深化体制机制创新，更加注重改革创新的科学化、系统化、个性化，更加注重产业、行业、企业、职业联动，以机制创新、制度创新为重点，加快高水平技术技能创新服务平台建设，要聚焦服务面向，针对行业企业创新需求，突出学校企业创新"双主体"地位，推动学校创新成果向企业集聚，使核心技术更快地转化为现实生产力。要通过政府、学校、行业、企业协同创新，健全技术技能创新服务支撑体系，强化知识产权运用和保护意识，切实提升职业院校服务发展、支撑发展的能力和水平。用中国方案解决职业教育科技创新能力不足的"陈年难题"。

2.2.2 突出应用导向，提升各类服务平台的产出质量

(1)找准自身定位，突出平台的应用研究和实践价值。

职业院校的技术技能创新服务平台要以解决实际问题为目的。根据"双高计划"对职业院校不同类型的技术技能创新服务平台的定位，为行业企业解决实际问题，提升平台的生命力，产出行业企业真正需要的技术创新成果。人才培养和技术创新类平台，着重于服务中小微企业的技术研发和产品升级，同时注重成果和技术的产业化。这类平台主要是致力于技术研发、技术咨询、专利转化以及应用型人才培养。产教融合平台主要是着眼于服务区域和产业发展，着力为地方政府、产业园区和行业提供政策咨询、产业转型对策、社会培训、行业标准制定等服务。技术技能类平台，主要是发挥专业群的技术服务供给作用，为重点行业、支柱产业开展产品研发、工艺开发、技术推广和技能人才培养提供服务，为企业发展提供动能。

(2)提升平台产出成果的含金量。

职业院校的技术技能创新服务平台要扭转追求高级别课题和核心期刊论文数量的做法，提升专利、技术标准制定、技术咨询、工艺革新和政策建议等应用性成果的含金量，逐渐将校级和市级研发平台提升为省级甚至国家级研发平台，提升服务能力，在深化产教融合上做好文章，做出高职特色。

2.2.3 挖掘特色和优势，打造专业特色平台

职业院校应充分挖掘办学特色和优势研究资源，建设高质量、有特色、开放协同的技术技能创新服务平台，服务学生成长、教师成长、企业发展和产业升级。立足职业教育整体发展，以学校自身特色专业为基础，探寻学校发展与经济社会发展契合点，提炼出符合时代需求的研究方向，准确定位，服务区域经济社会发展。在组织架构上，学校要与外部机构如政府、产业、行业、企业保持良好互动，瞄准国家战略及地方重点行业、新兴产业发展趋势布局平台建设方向。在建设路径上，学校要充分整合校内资源，依托专业群建设，以业内高水平专家学者、校内专业领军人物、企业能工巧匠技术服

务和技术研究团队为主体，建立协同攻关的教师研究团队，避免单打独斗。此外，还要充分发挥校企双方的资源与优势，将学校的专业优势、人才智力资源与企业的市场敏锐度及开拓力结合起来，着眼行业企业发展的现实问题与关键领域，在产品研发、技术革新、工艺创新等方面攻坚克难、推陈出新，形成产业创新驱动发展、企业经济效益提高、学校创新理念落地孵化的共赢局面。在建设成果上，学校要在为行业企业服务的过程中逐渐形成学校的应用科研特色，改变以往将课题获批、论文发表作为科研主要成果的现象，致力于产出更多体现技术研究的科研成果，如参与行业标准制定、专利授权、产品开发与市场转化等。

2.2.4　聚合人才资源，夯牢创新创造基础

教师是学校教育教学工作的具体实施者。教师科研能力提升了，才能提高教育教学水平、丰富教学内容、创新教学方法，形成"以科研促教学、用教学激科研"的良性循环；才能引导学生提高职业素养，培养学生职业道德和创新创业能力；才能依托行业特色和人才优势，为区域经济社会发展服务，提升学校核心竞争力。一要合理配备专职科研人员，负责科研平台日常管理及正常运行，并通过线上线下多种方式对科研申请、科研方法、科研内容、科研实际开展过程等进行培训，解决其科研困惑和难题。二要依托行业企业补充科研人才，既可以从行业企业引进高水平技术技能专家，也可以从高校引进有工作经验的高级专业人才，与已有教师形成有梯度、互补型的科研团队，建设有特色的科研服务队伍，为平台培育补充更多科研成果。三要打造校企科研资源共享平台，通过多种形式的校企合作，实现校企科研资源共享、互利共赢。

完善评价与激励制度，统筹考虑对教师科研和教学的评价。在科研评价上，落实《深化新时代教育评价改革总体方案》要求，结合职业院校科研活动的特点，重点评价科研项目对经济社会的贡献及反哺人才培养情况，加大行业企业委托项目、技术研发、专利授权、新产品新工艺的产业转化效果等方面的考核权重，引导教师朝应用科研方向发展；鼓励教师将科研成果向教学

资源转化，支持设立依托科研成果推进教学改革的教学研究项目，对教师取得的教学研究成果，如课程标准制定、教学成果奖、教材评奖等，在绩效考核、职称评聘中保持与科研成果等效评价。

2.2.5　加强团队建设，打造品牌科研队伍

科研创新团队建设是科研平台建设的重点工作，为职业院校科研工作的开展提供人才支持和技术保障。只有良好的科研团队，才能培育出高水平的科研人员，才能有效整合科研资源和科技力量，才能完成高水平的科研项目，促进职业院校学术水平提升，提高职业院校综合竞争力。一是做好团队规划，完善团队内部管理机制。坚持特色专业发展，兼顾团队成员个性化发展，合理配置资源，凝聚优秀科研创新人才，鼓励教师拓宽研究视野，掌握科学研究方法，提高研究能力；支持教师参与科研培训，开展学术交流；提升科研队伍的创新能力和竞争实力。二是注重团队成长，培育打造学术带头人，提升整体科研能力，建设优秀科研团队，促进科研平台工作持续快速健康发展。三是产教深度融合，与企业形成命运共同体，服务产业转型升级，增强教师科研能力和丰富实践经验，并将科研成果融入教学中，深化复合型技术技能人才培养，实现校企合作共赢。

2.2.6　创新管理机制，提升成果转化效率

科研平台既需要科研人员发挥创新作用，也需要科研管理人员发挥为科研服务作用。只有调动科研人员积极性，同时又发挥科研管理人员作用，才能促进高水平科研活动健康发展。

（1）强化科研平台管理体系建设。

从行业和专业特色出发，以服务区域经济社会发展为目标，规范科研课题、项目成果管理，健全运行机制、队伍建设和制度建设，建设完整体系的科研平台，以保障科研平台各项工作科学有序进行。尝试建设独立建制的实体性科研平台，但这在职业院校并不普遍，因此缺少技术技能创新服务平台人事、财务、绩效等方面的管理制度和经验。鼓励平台建设，就要求学校从

组织架构的层面厘清平台与管理部门、二级院系(专业群)之间的关系,引导科研、教学、校企合作、社会服务等职能管理部门在平台资源投入及相关管理制度上协同设计,赋予二级院系(专业群)科研平台一定的自主权,采取全职引进、柔性引进、项目制引进等多种灵活用人形式,吸纳行业企业、科研院所的技术技能大师、技术研发人员和研究人员来校组建高水平科研团队,产出有影响力的研究成果。

(2)健全考核评价和激励机制,提升成果转化效率。

建立有利于激发科研人员转化科研成果积极性的考核评价体系,建立健全技术转移机构,完善科研与社会服务管理体系建设,建构层次性、适应性的工作机制,提升职业院校科研层次水平,提高科研成果的质量和增强成果转化对社会的贡献。

2.2.7　强化"四服务",建立多元参与的开放创新体系

(1)平台要服务学生成才、教师成长、中小微企业发展和地方产业转型升级。

结合科技研发项目和内容构建系统化的平台培养体系,制定和完善培养标准,开发基于项目研究过程的创新课程,产教融合,协同育人,为推进课堂革命、实施有效教学,发挥平台育人功能;依托平台,与企业联合开展产品开发、成果应用与推广、标准制定等活动,推动校企科技人员相互交流、相互兼职,有效带动专任教师专业技能和科研能力的提升;专任教师主动参与中小微企业课题研讨、技术攻关、新产品开发和技术转移,提供技术攻关和技能培训服务,解决中小微企业科研人员不足、科技创新能力不足的问题,有力支撑中小微企业健康发展;平台以有效推进传统行业优化升级、促进支柱产业稳步发展、推动地方高新技术产业快速成长、创新生产性服务业新型发展模式为核心,系统开展科技攻关、产品研发、技术推广、发展咨询、技能培训、成果转化等服务活动,为区域产业发展提供强有力的智力支持与人才保障。

（2）建立多元协同的开放创新体系。

开放创新体系是当今新的一类创新模式，要求更多并行、多角度的创新资源整合，全面吸收全方位的创新要素，形成以创新利益相关者为基础的多主体创新模式，从而打破以往封闭型的、单一主体的技术平台建构模式。技术技能创新服务平台要吸纳企业参与共建平台、共构研发队伍，突出学校和企业的技术技能创新服务"双主体"地位，汇集学校、企业、行业和政府的多方优质资源，建立政府、学校、行业、企业协同创新机制，实现多方共赢。

2.2.8　以研究能力提升为突破口，构建多类型并存的平台团队

（1）职业院校要鼓励教师成为"研究型"人才。

这种研究包括对行业企业需求、产教融合、人才培养模式、日常教学问题、课程建设、技术服务方法、产品工艺改进等应用型的研究，要有强烈的探究意识和钻研精神。

（2）发挥平台负责人带领和支撑研究计划设计与实施的作用。

平台负责人要带领成员了解服务对象的需求，把握平台的研究方向，选取重点项目开展攻关，制订可行的研究计划，并且保障平台项目按进度计划实施，同时要主动了解项目中出现的问题，做好项目建设的沟通，做好平台成员的考核与激励，保障平台的成果和服务质量。

（3）根据教师能力的不同层级开展相应的技术服务和研究能力培养。

针对职业院校教师在研究和服务方面缺乏研究方法，对实施路径了解不明的突出问题，职业院校要重点加强教师研究方法的培训。这种培训应该是持续性、阶梯式和项目式的，要注重实效，切实让教师"懂研究、会研究"。

（4）组建校企协同创新团队。

平台要注重吸纳来自高校、研究所、行业企业的高水平研究专家、行业大师、技术专家等，共建技术技能创新服务队伍，经常性地开展成员交流和项目研讨活动，合作进行产业创新技术项目研发，带动教师研发和服务能力的提升。

2.2.9　健全考核评价和激励机制，提升成果转化效率

（1）建立有利于激发科研人员转化科技成果积极性的考核评价体系。

一是进一步完善以市场需求为导向的研发机制，以应用为导向，项目要立足产业需求，提升科技成果源头供应质量，同时吸引更多企业组织联合研发，形成主要由市场决定的技术创新机制。二是将科技成果的经济社会效益作为教师能力评价的重要参考指标，构建将成果转化收入与职称评定直接挂钩的评价机制。三是出台有利于促进科技成果转化的考核评价体系，职业院校要推进科研人员分类评价改革，将科技成果转化绩效作为对单位及人员评价、科研资金支持的参考和依据，建立完善单位内部科研人员和从事技术转移工作人员的考核评价体系和机制。

（2）加大科研人员奖励力度，探索激励机制改革。

《国务院关于印发实施〈中华人民共和国促进科技成果转化法〉若干规定》提出，在研究开发和科技成果转化中做出主要贡献的人员，获得奖励的份额不低于奖励总额的50%。统计发现，随着促进科技成果转化相关政策的落实，研究开发机构、高等院校（普通本科院校）对科技人员的激励力度不断加大，科研人员获得奖励的金额和人次大幅增加。2017年，现金和股权收入总金额为91.8亿元，同比增长16%，其中，科研人员获得现金和股权奖励金额为47.2亿元，同比增长24.2%，研发与转化主要贡献人员所获现金和股权奖励达42.6亿元，科技创富效应逐步显现，充分激励了科研人员创新创业积极性。完善成果转化收益分配激励机制，加大奖励力度，中南大学将成果转化收益的70%奖励给主要科研人员。2017年，444家中央所属研究开发机构、高等院校以转让、许可方式转化科技成果获得的现金总收入为23.7亿元，科研人员获得的现金奖励金额为12.1亿元，研发与转化主要贡献人员所获现金奖励为10.9亿元。以上做法可以为职业院校提供借鉴，加强对教师的技术技能服务激励，提升其研发与服务的积极性。

（3）建立健全技术转移服务机构，加快平台成果转化。

建立健全成果转化工作机制，建立专门从事科技成果转化的管理服务机

构。加强培育专业服务人才，相关部门研究建立技术经纪人培养体系，试点开设科技成果转移转化专业及课程。发挥市场化技术转移机构作用，培育打造运行机制灵活、专业人才集聚、服务能力突出的技术转移机构。可以探索市场化运营的技术转移机构，借助第三方技术转移服务机构，形成"企业+高校+第三方技术转移机构"的成果转化模式，瞄准市场需求，推动高价值成果产业化，提升平台的技术技能成果转化、转移效率。

2.2.10 推动成果转化，形成科研反哺人才培养的良性循环

技术技能创新服务平台的成果转化主要体现在两个方面：对外体现在通过技术研发与成果转化提升企业的生产力和竞争力，服务经济发展和产业转型升级；对内体现在通过持续的科研活动提高教师的应用技术研发能力，并帮助教师始终站在产业前沿，不断更新教学理念与内容，从而提高人才培养质量，为产业发展输送更多的高素质技术技能人才。

首先，开发校企合作技术研发平台作为校企合作育人平台。校企合作技术研发平台是校企深度合作的一种形态，校企合作的研究课题代表了产业发展的前沿方向，校企合作共建的研发中心和实验室可以成为先进的实践教学和创新创业基地，企业技术人员可以成为学校的兼职教师。学校面向企业开展技术服务的同时也可以拓展校企合作形式，根据产业发展对人才的需求，通过人才培养目标共商、教学实践基地共建、师资员工互派、培养过程共育等方式使学生的学习过程始终与产业保持密切对接，实现校企合作协同育人。

其次，鼓励教师积极参加应用科研，将实践应用经验和科研成果与教学研究相结合，把科研资源转化为优质教学资源。例如，将在生产一线捕捉到的产业核心技术和专业关键能力、产业前沿和发展趋势、新技术和新工艺等合理纳入教学方案和课堂教学；将科研成果纳入教材更新内容或开发活页教材；将科研项目转化为实践教学项目、毕业设计（论文）选题、创新创业或技能大赛训练项目等，使技术技能知识在积累、研究、创新中实现传承与传播。

再次，给予教师发展足够的保障与支持。要将教师应用科研能力和教学

研究能力纳入教师培养体系，为教师提供学习与培训的机会与平台，为教师发展提供助力。

最后，支持学生在校期间积极参加教师的科研项目。为学生提供参加产业相关科研活动和实践项目的机会，使学生通过文献检索、市场调研、技术研发攻关、成果鉴定申请、市场转化等一系列实践形成对完整的科研项目或市场项目的全流程概念，激发学习主动性与好奇心，提高将所学知识运用于解决生产实践问题的能力。

第三章

技术创新平台搭建

在这个充满挑战和机遇的时代，职业院校技术创新平台的建设不仅仅是一项任务，更是一项战略，不仅仅关系到学校的发展，更关系到产业的升级和人才的培养，是推动科技进步的关键，也是职业院校与产业界深度合作的桥梁和纽带。本章从校内、校外技术创新平台的建设入手，剖析校内平台的运作方式、实践经验，同时研究校外技术创新平台，特别关注企业名师工作室的建设，深入分析这种合作模式的优势，挖掘其中的成功因素，并探讨如何进一步拓展和加强与企业的合作，如何更好地将产教融合理念融入技术创新平台的建设过程。平台要运转得当，一定要有平台联运保障机制。

本章详细探讨轨道交通特色产教融合创新平台的运行机制，通过案例总结经验，提出建议；全面了解职业院校技术创新平台搭建的现状、挑战和前景。这不仅有助于职业院校更好地发挥技术创新平台的作用，也将促使产教融合模式在职业院校中得到更为广泛的应用，推动形成技术创新与产业发展的双赢局面。

3.1 校内技术创新平台

2019 年 1 月，国务院印发《国家职业教育改革实施方案》，在总体要求与目标部分指出要对接科技发展趋势和市场需求，完善职业教育和培训体系。同年 3 月，教育部、财政部印发《关于实施中国特色高水平高职学校和专业建设计划的意见》，明确了"双高计划"十个方面的建设任务。技术技能创新服务平台建设是十大任务之一。湖南铁道职业技术学院凝聚优势特色，深化产学研合作，建设集技术研究、产品研发、生产驱动、技术服务、英才培养系列功能于一体的技术技能创新服务平台，推动成果转化，促进科研反哺人才培养的良性循环；强化制度供给，激发师生开展创新活动的文化氛围，形成政府、学校、行业、企业共同参与的轨道交通特色产教融合创新平台运行机制。

3.1.1 建立联合创新平台

（1）成立"中车科学家工作站"。

依托世界 500 强企业中国中车股份有限公司，在学校建设"中车科学家工作站"，由中车科学家领衔指导的学校科研与技术创新团队参与国家先进轨道交通装备创新中心、轨道交通自动化技术与装备协同创新中心研发与技术咨询工作。重点开展轨道交通牵引传动、运行智能控制技术、无人驾驶技术、智轨列车技术、中低速磁浮列车、储能式电车等的研究。推动轨道交通装备"主特产品"技术创新，增强产业核心竞争力，促进集群产业的创新驱动发展和转型升级。为中国中车海外制造和维保基地、生产配套产品的国内外企业提供技术咨询服务，助力轨道交通装备产品走出去。

（2）成立"轨道交通装备制造应用技术协同创新中心"。

以高水平实训基地和创新型教学团队为依托，联合区域轨道交通千亿产业园企业和研究机构，学校成立了"轨道交通装备制造应用技术协同创新中心"，集聚校企资源，推动专业交叉，形成研究合力。依托专业群建成轨道交通装备智能制造技术应用中心、轨道交通装备运用技术研究所，对接服务企业的技术领域成立8支科研与技术创新团队，在相应企业设置企业名师工作站、博士工作站，搭建校企双向互动联结桥梁，一方面实时获取企业的技术服务需求，掌握企业技术研发信息，另一方面将研发成果同步在企业进行转化和推广。通过校内生产性实训基地和中小企业，及时将研发、专利等成果转化为产品，实现创新成果产业化。

3.1.2　运行路径

（1）推动成果转化，形成科研反哺人才培养的良性循环。

依托"中车科学家工作站""技能（技术）大师工作室""应用技术协同创新中心""四技服务平台"，构建"工作站+工作室+项目"的科研人才培养模式，支持教师根据个人科研方向参与相应项目研发与服务，培养一批轨道交通科研骨干、大师名师。依托省级大学生科技创新创业培养基地，支撑大学生开展创新创业活动，通过产品研发、工艺改造、设备维护、大型设备装调等，推动专业协会、创新协会的学生实现技术技能积累，提升创新创业能力，为培养"高铁工匠""铁路工匠"奠定良好基础。及时将项目开发与技术积累成果转化为新技术教学资源，将"机车车辆走行部机械检测技术""机车车辆故障分析处理"等研究成果转化为机车车辆整车调试课程教学内容、教学案例，同步开发"客运高速""货运重载"等国际化、智慧型教学资源，开展3D

虚拟机床实训装置等项目研究与转化，为培养能制造、会驾驭、善维修的复合型人才提供保障，实现教学内容与行业企业技术发展同步。

（2）强化制度供给，激发师生开展创新活动的文化氛围。

修订《科研与技术创新团队遴选与管理办法》，制定《学校青年科研骨干培养与管理办法》《湖南铁道职业技术学院技能（技术）大师工作室管理办法》，优化资源配置，构建"青年科研骨干、科研之星、科研团队"三层次队伍建设体系，培养教学型、科研型、科研教学型三类人员。学校重视发挥高层次人才示范引领作用，合作共建"中车科学家工作站"3个、"技能（技术）大师工作室"9个、"名师工作室"12个，其中市级以上8个。在培养过程中，鼓励大胆探索、学术争鸣、学科交叉、跨界合作，营造人才成长的良好环境；跨域选拔、校企混编，增强团队协作意识，逐步形成团队合力，促进产出重大标志性科研成果。

3.1.3 成果及成效

（1）科研与技术创新水平显著提升。

近年来，学校高质量科研成果数量稳步增长，技术创新能力得到较大提升。2021年市厅级以上纵向课题立项数达到153项，同比增长118.6%；资助经费总额达到135万，同比增长123.9%。尤其是教育部人文社会科学研究项目3项，国家级课题立项取得重大突破。发表高水平核心论文35篇，同比增长66.7%。2021年授权专利45项，其中发明专利3项，发明人均为科研创新团队骨干成员，授权数量增长明显。

（2）服务产业发展能力稳步提升。

学校依托深厚的行业背景，区域优势明显，横向技术服务到账经费得到较大增长。其中，制造、轨道交通、电子信息等行业相关的技术服务及产品，到账金额占总到账金额的69.1%，服务轨道交通装备制造行业特色日益彰显。校企联合研发了机车门锁等一系列新型机车产品，部分产品随主机出口到哈萨克斯坦、乌兹别克斯坦等国家。为行业中小微企业提供技术工艺改造、革新咨询项目近90项，学校生产性实训基地为湖南轨道交通千亿产业开展研发、技术服务，生产配套产品，产值达 3.48 亿元。

（3）中青年科研人才不断涌现。

学校科研创新团队先后涌现出多位省级、国家级优秀人才。其中，团队负责人段树华教授入选湖南省 2019 年度芙蓉教学名师，唐亚平教授、段树华教授主持立项湖南省职业教育教师技艺技能传承创新平台，龚娟教授荣获湖南省第六届黄炎培职业教育杰出教师奖；唐亚平、段树华教授领衔的教师团队分别获得首批国家级职业教育教师教学创新团队立项，以及第二批"全国高校黄大年式教师团队"认定，有效发挥了省级示范引领作用。

3.2 校外技术创新平台

为充分发挥科研教学人才在传授知识、科技攻关等方面的重要作用，推进校企密切合作、产教深度融合，促进地方产业升级发展和职业教育事业发展，学校鼓励各二级学院根据专业建设和教师培养要求，支持学校教师为带头人在相关企业或行业协会设立职业教育名师工作室（以下简称名师工作室）。学校产教融合处负责统筹全校产教融合工作，组织协调名师工作室立项申请、督促指导、年度考核、结果运用。名师工作室由学校教师与企业人员混编组队，面向行业企业员工及学校师生开展与专业相关的培训活动；参与行业企业相关工种技能技术创新，攻克生产技术难题，推动产业升级和技术进步；为校企合作、人才培养、技术交流、成果展示、学术活动搭建合作平台；共同开展科学研究。以合作共赢为基础，以人才培养质量提升为目标，以应用技术开发能力提高为关键，培育复合型人才和服务中小企业技术创新。名师工作室设立周期为三年。学校建立动态管理制度，对名师工作室实行日常管理、年度考核、期满总结评估。每年年底，名师工作室向学校和所属企业或行业协会上报年度工作总结和下一年度工作计划。具体内容见本书附录二。

3.3　平台联运保障机制

　　湖南铁道职业技术学院凝聚优势特色，深化产学研合作，依托2个平台、2个中心、3个研究所、8支创新团队、多个企业名师工作室共建技术技能创新服务平台(如图3-1所示)，服务两个面向(服务轨道交通企业发展、服务中小微企业质效提升)；中心下设研究所，并依托研究所建设科研创新团队，科研创新团队培育的名师在企业建立企业名师工作室服务企业；同步推进专业提升与人才培养，促进科研反哺人才培养的良性循环；强化制度供给，以成果和贡献为导向，以定量与定性相结合的方式进行考核评价，持续推进团队科研水平；激发师生开展创新活动，建立政府、学校、行业、企业共同参与的产教融合创新平台运行机制，制定技术研发服务及创新成果产业化的总体发展规划，明确各方责任、权利，以及人员、资源、成果、知识产权归属，以协议或合同形式予以确认，从而形成政府、学校、行业、企业共同参与的轨道交通平台联运保障机制。

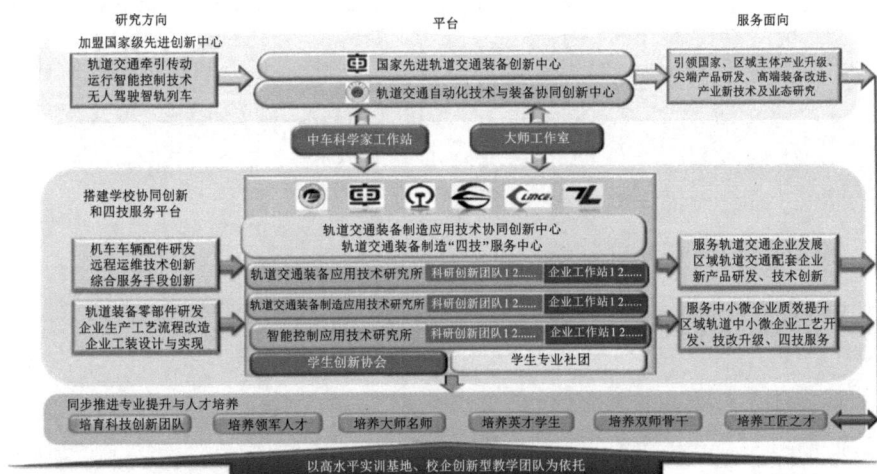

图3-1　技术技能创新服务平台

第四章

职业院校技术创新建设的保障

  高校是科学研究的主要载体，是支撑理论创新、技术创新、制度创新的中流砥柱。开展技术技能创新服务能力建设是职业院校应尽的社会责任，是职业院校自身建设发展的需要，也是区域社会发展的必然需求。高校教师肩负着知识生产与传播、研究与试验发展（R&D）及后期成果转化应用等多重属性与职能。人才是创新驱动的核心，建立健全科研和社会服务制度是推动技术技能创新服务工作开展的重要保障。要建立能够充分激发广大师生科研积极性，释放创新活力的科技开发、技术服务的系列制度和长效运行机制，构建可持续的教师参与科技开发和社会服务评价、考核、奖励机制。

4.1 技术创新人才培育

我国要建设世界科技强国，强化科技创新的战略支撑作用，必须打造规模宏大、结构合理、本领高强、学风优良的科技人才队伍，深挖人才潜力，激发创新活力，不断完善科技创新人才发现、培养、激励机制，形成"用好现有人才、引进急需人才、稳定关键人才、培养未来人才"的引才聚才、育才用才良性循环。职业院校要全面提升科研核心竞争实力，关键是要锻造一支服务区域战略需求、承担服务区域使命的高水平创新人才队伍。

4.1.1 打造技术创新团队

职业院校应瞄准具有发展前景及可预期产生重要学术成果和应用价值的专业领域或研究方向，打造学术梯队，凝练学术特色方向，培养优秀学术带头人和优秀创新人才群体，鼓励协同创新。通过打造优秀科研创新群体，力争在相关研究领域取得高层次、高水平的学术成果，产生较大学术影响。

4.1.1.1 团队组成

技术创新团队负责人必须在某一专业领域具有一定影响力，有较高的专业水平和技术水平以及创新性学术思想，掌握本专业最新发展动态，学风严谨,品德高尚,具备广阔的学术视野、较高的学术造诣和良好的组织协调能力,并具有正高级职称或博士研究生以上副高级职称。技术创新团队成员应在相关研究领域已取得较突出的研究成果,或在相关研究领域显示出明显的创新能力和研究优势。团队的核心成员一般不超过10人,有合理的专业、职称、学历、年龄结构,提倡学科交叉和能力互补,鼓励跨院(部)、跨专业联合组建团队。技术创新团队实行团队负责人负责制。建设期内,团队负责人要在每年度末向科研处提交团队年度工作总结。科研处组织有关专家负责创新团队检查验收的评审工作。详细内容见本书附录三。

4.1.1.2 研究方向聚焦

技术创新团队要有稳定的研究方向,研究方向符合科技与社会经济发展的战略目标;研究课题具有可预期的学术创新价值或应用价值,能产生有较大影响的研究成果。团队应是在合作基础上自然形成的研究集体,具有相对集中的研究方向、共同关心的科学问题和良好的科研合作基础。

4.1.1.3 经费支撑

职业院校可以每两年组织一次技术创新团队的申报工作,通过学校评审入选的科技创新团队与学校签订任务书,任务书经相关部门审核并签署意见后作为管理与考核的依据。对获准组建属于人文社科研究领域的科研创新团队,在三年的建设期内学校给予不少于6万元的研究经费资助;属于工程及科学技术研究领域的科研创新团队,在三年的建设期内学校给予不少于8万元的研究经费资助。资助经费分三期拨付:第一期(启动时)拨付30%,第二期(中期考核合格后)拨付30%,第三期(终期考核合格后)拨付40%。

对于确实在所属领域具有重大学术突破、开展原创性科学研究的科研创新团队,依据科研创新团队的原创性研究学术价值的高低,学校将对其加大资助力度。对属于人文社科研究领域的科研创新团队,最高资助经费可达10万元;对属于工程及科学技术研究领域的科研创新团队,最高资助经费可达15万元。

4.1.2 实施科技创新能力提升工程

4.1.2.1 青年科研骨干培养

加大科技人才的引进和培养力度，制定学校青年科研骨干培养办法(详细内容见本书附录一)。通过"公开选拔、择优支持、重点培养、动态考核"的方式，每年遴选 10 名左右在科研工作中做出优秀成绩的青年教师，为其搭建平台，创造条件，鼓励和支持其开展创新型研究工作，通过 3 年跟踪培养，促进青年教师快速成长。对培养对象的培养和管理，由学校和其所在二级学院(部门)共同负责。按专业对口的原则，由高级职称教师担任导师，与培养对象"师徒结对"，即由师傅对培养对象进行一对一重点指导，辅导制定和实施培养方案(包括分年度的学习、进修、研究计划等)，入选教师须与学校签订培养计划。培养计划由入选教师本人、所在部门和科研处协商拟订，再报学校批准后执行。此外，各二级学院选拔青年科研骨干教师进科学家工作站(大师工作室)，组建学术梯队，进企业，与企业开展联合技术攻关、技术创新，支持教师参与项目研发与服务，促进优秀人才的成长，培养造就一批青年科研骨干教师，使其逐步成长为双师骨干、大师名师。

对于培养对象，学校在人才项目推荐、国(境)内外学术交流、业务进修等方面优先安排，为教师的成长和发展创造条件，为他们提供潜心教学科研工作的良好条件与环境。鼓励青年教师至少要加入一个校内的创新平台(大师工作室、博士企业工作站等)。专项设立青年科研基金，资助青年教师学术研究。

4.1.2.2 实行青年教师教学科研评优奖励制度

职业院校可每两年开展一次青年教师教学竞赛活动，鼓励和促进青年教师提高教学水平和课堂教学质量；每两年开展一次青年教师科研成果奖评选活动，激发青年教师的科研兴趣，提升青年教师的科研水平。

4.1.2.3 提升教师科技创新能力

对教师开展经济素养教育,利用经济学知识指导实践,提升教师科研产出成果应该基于市场需求的选题意识,以及从市场环境的变化规律中预测和捕捉市场机遇的意识。培养职业院校教师学会利用自身知识储备与捕捉到的市场机遇信息进行融合,以技术推动、市场拉动以及"技术—市场"共同作用等动力模式,支撑和完成整个创新过程。

4.2 建构问题驱动的技术创新服务发展动力机制

问题是时代的呼声、发展的信号。谁抓住了问题、解决了问题,谁就把握了机遇、赢得了主动。高等教育发展史一再证明:知识生产也好,学科建设也罢,自诞生之日起就一直在追求知识和解决问题的双重逻辑交互作用中走向兴盛,也因二者的分离脱轨而陷入没落。建构问题驱动的职业院校创新发展动力机制,是提升高校技术创新服务效能的必然选择。针对我国技术创新服务"社会功能"与"组织功能"之间的矛盾以及科研目标与重大战略需求脱节,技术创新服务活动仍处于相对"静态封闭"状态等问题,迫切要求学校技术创新服务从散漫的"兴趣科研"转向有组织的"问题科研",紧紧围绕事关国家核心竞争力提升和经济社会转型发展的重大问题,凝心聚力、持续攻关,取得重大原始创新,实现关键技术突破,在回答中国之问、世界之问、人民之问、时代之问中促成认识逻辑与政治逻辑相统一,技术发展与问题解决相统一,才能真正做好技术创新服务,做出大贡献①。

---

① 李霞. 产学研协同创新的动力机制与模式研究[D].大连:大连理工大学,2021.

4.3　建构相通相融的科研治理机制

知识生产模式的深刻变革清晰地昭示了高校科研从"管理逻辑"转向"治理逻辑"的必要性、重要性和紧迫性。从"管理"到"治理"的逻辑转向是高校科研运行范式的深刻变革，要求有效克服来自高校外部的"群际冲突"和来自高校内部的"群内冲突"。简言之，就是要妥善处理好高校与政府、企业、公众的相互关系以及高校内部学术权力与行政权力的关系，构建意志统一、良性互动、相辅相成、相互促进、相通相融的高校有组织科研治理机制。唯此，才能有效提升高校科研治理体系和治理能力现代化水平，凝聚各方人心、汇聚各方力量、形成攻关合力、取得重大突破。一是要建构相通相融的外部科研治理机制，克服"群际冲突"。强化政府、高校、企业、公众间的利益关系协调，达成政治意图、学术追求、商业利益、公众诉求的最大平衡，通过明目标、立规矩、定制度、划责任等方式，明确校、政、企、公多元主体在重大科技攻关任务中的角色定位、功能定位、使命定位，形成政府把方向、高校管执行、企业建平台、公众提建议的有组织科研大格局，提升高校有组织科研的内外合力。二是要建构相通相融的内部科研治理机制，克服"群内冲突"。针对高校内部学术权力与行政权力失衡甚至错位的科研治理"难点"，需要强化高校内部学术与行政的"对话"，解开学术与行政的"心锁"，消除学术与行政的"鸿沟"，促成学术与行政的"兼容"，构建二者合力促进高校有组织科研围绕国家和区域重大发展战略需求协同攻关的新格局。

4.4　建构服务导向的科研评价机制

知识生产模式的深刻变革，呼唤高校科研评价机制变革，即从传统的学术创新评价逻辑转向应用创新评价逻辑，从数量指标评价逻辑转向质量贡献评价逻辑，从认识世界评价逻辑转向改造世界评价逻辑。针对我国高校科研评价理念传统、评价标准守旧以及评价方法片面等制约高校科研服务效能提升的"卡点"问题，结合我国创新驱动发展战略要求和全面建成社会主义现代化强国使命任务，需要坚持"三个突出"评价导向，促进高校科研评价机制转轨，提升高校科研服务国家和区域重大战略的支撑力。一是突出基础研究重大原始创新突破的评价导向。对于基础研究，要重点评价其是否具有前沿性、前瞻性、战略性，评估其对国家抢占未来国际科技制高点是否具有重大科学价值和突破性引领作用。二是突出"卡脖子"关键技术突破的评价导向。对于关键技术研究，要重点评价其是否具有自主性、原创性、高新性，评估其对国家科技命脉把握和产业战略高技术发展是否具有核心支撑作用。三是突出服务国家区域创新发展战略实施的评价导向。重点评价其与国家和区域经济社会创新发展战略的契合度、贡献度，评估其对于提升国家和区域支柱性行业产业发展核心竞争力和保障核心产业链、供应链安全的服务力。通过这些评价导向的转轨，将基础研究、应用研究、技术研发聚焦到打造国家战略科技力量上来，为国家重大战略实施服务，为经济社会高质量发展服务，实现高校有组织科研的神圣使命。

4.5　出台有利于技术技能创新的管理制度

4.5.1　横向项目管理办法

为充分调动学校教职员工开展应用研究和技术创新的积极性，提高学校社会服务整体水平，规范横向项目管理，制定《湖南铁道职业技术学院横向项目管理办法（试行）》（详细内容见本书附录五）。本办法所指横向项目是指学校接受有关政府部门、企事业单位、其他社会组织或个人委托，签署合同开展合作研究、委托研究、技术开发、技术咨询、技术服务、决策咨询、成果转化等。横向项目实行项目负责人负责制。项目负责人对合同签订、项目实施、经费使用、项目结题及归档等全过程负直接责任，依法依规使用科研经费，自觉接受上级和学校相关部门的监督检查，并在科技服务活动中维护学校权益。为鼓励广大教职工积极承担横向项目，确保时间紧、任务重的重大横向项目的顺利实施，年度实际到位经费达到表4-1要求的，项目负责人可在项目实施期内申请教学工作量置换。实际到位经费是指合同经费除去代购仪器设备费、水电费以及外协经费后的可用经费。

表4-1　横向到位经费置换教学工作量

序号	实际到位经费	教学工作量（教分）
1	30万元<年度到位金额累计≤60万元	48
2	60万元<年度到位金额累计≤90万元	96
3	年度到位金额累计>90万元	144

教学工作量置换从经费到账时开始启动，由项目负责人申请，经所在单位（部门）领导批准后实施，报送科研处、教务处、人事处备案；相关部门根据学校有关规定置换为相应的日常教学工作量。

4.5.2　促进科技成果转化管理办法

为规范学校科技成果转化工作，加速科技成果转化进程，促进科技成果转化为现实生产力，制定《促进科技成果转化管理办法（试行）》（详细内容见本书附录六）。明确科技成果转化是指为提高生产力水平而对科技成果所进行的后续试验、开发、应用、推广直至形成新技术、新工艺、新材料、新产品，发展新产业等活动。学校根据不同的科技成果转化方式，将科技成果转化活动分为Ⅰ类项目和Ⅱ类项目共两类项目进行管理。其中，科技成果转化Ⅰ类项目指科技成果转让、许可；科技成果转化Ⅱ类项目指科技成果作价投资，包括成果完成人自行投资创办企业、校外机构投资转化。

学校成立科技成果转化工作领导小组，加强对科技成果转化的组织、管理和协调。为支持技术创新人才科技成果转化，人事处负责建立健全涉及科技成果转化的科技人员兼职兼薪、离岗创业、返岗任职、职称晋升等管理制度和办事流程。学校建立统一的科技成果管理信息网络服务平台，为科技成果的登记、管理、查询、统计、使用、处置、对外宣传与校企对接服务等工作提供便利。专业技术人员在岗创业或留职离岗创业期间，与在岗人员同等享有参加职称评定、岗位等级晋升的权利，创业期间从事本专业工作取得的科技成果和业绩，可作为职称评定、岗位等级晋升等方面的依据。

学校支持科研团队结合地方经济、区域经济的要求，依托学校学科和专业优势，以专有技术、专利技术出资，与地方政府、企业联合建立研究院。二级学院探索建立以创新创业为导向的人才培养机制，完善产学研用结合的协同育人模式。积极与企业联合建立学生实习实训和教师科研实践等教学科研基地，提高学生创新创业实践能力。为学生创新创业提供场地、信息网络和商事、法律服务，建立微创新实验室、创新创业俱乐部等，发展众创、众包、众扶、众筹空间等新型孵化模式。

4.5.3　激励制度

激励是为个体提供的权利、满足感与物质激励，从管理学角度来看，激励可有效激活员工工作动力；从人力资源角度来看，激励可以有效激发人的行为，促使个体朝着既定目标奋进。对于职业院校的科研人员而言，激励可以提升他们的科研动力。在职业院校的发展中，科研人员是重要群体，他们与普通员工不同，其工作职能有着双重性特点，因此，在激励机制的制定上，需根据科研人员的需求与行为特点来开展。

职业院校科研人员从事科研工作，其中一个重要目的是追求自身的科研效益，科研激励政策的制定是科研导向的指挥棒，其对于职业院校科研工作的发展起着重要作用，需要制定科学的科研评价政策。长期以来，职业院校的科研评价政策还是以专利、著作、论文、项目经费数量来进行评估，这种评价政策相对于以往是一个巨大进步，在职业院校内部营造出了良好的科研氛围，经过科研人员的努力，职业院校的科研成果在数量上有了明显的增长，但是，由于评价奖励模式更加关注数量，忽视了质量，很多成果都缺乏应用价值，不利于职业院校学术工作的健康开展。因此，需要建立以实际贡献为主的奖励评价方式，以技术创新度、服务社会产生的经济效益为重要指标。

有效落实以增加知识价值为导向的分配政策。建立多元化薪酬制度，用年薪制、结构工资制、协议工资制等分配方案激励高层次人才、编制人员、合同制人员协调发展。加大科研人员和成果转化激励力度，进一步提高间接费用比例。建立岗位绩效考核与奖励制度，完善科研人员收入分配激励机制，使科研投入更多地向一线倾斜。多措并举提高青年科研人员待遇，让其安心工作。

4.6 健全科研工作和人才分类评价体系

一是加快建立以创新价值、能力、贡献为导向的人才评价体系。科学制定不同成果类型的评价指标，尤其要重点评价高校科研人员的学术贡献、社会贡献以及支撑人才培养情况。加快建立科学化、社会化、市场化的人才评价制度，深入推进职称评聘制度与职业资格认证制度改革，探索高层次人才的职称直聘、破格晋升方案。二是分类健全科研和人才评价标准。根据不同岗位、不同学科、不同层次人才特点和职责，建立科学合理、各有侧重、动态调整的评价标准，探索将科研人员按照基础研究为主、应用研究为主和社会服务为主等进行分类。加快新型高校智库人才评价标准开发工作，把解决国家重大需求的实际贡献作为核心标准。三是科学设置评价程序、评价周期。遵循不同类型人才成长发展规律，科学合理设置评价考核周期，鼓励基础研究人才、青年科研人员持续研究和长期积累。

第五章

技术研发服务及创新成果产业化的思路

　　在快速变革的科技环境下，高校不仅需要注重技术研发的深度与广度，更需要将这些成果转化为实际可应用的资源，服务于社会与产业发展。专利作为知识产权的重要形式，具有极大的创新潜力。专利转移转化有多种方式，通过剖析这些方式的优势与限制，为高校提供科学合理的专利转化建议。技术研发成果是高校实力的体现，但如何将这些成果有机结合到教学过程中，以提高教学质量，是一个亟待解决的难题。我们分析存在的问题，提出转化的原则与保障措施，以期为高校提供有益的指导，实现技术研发成果与教学资源的有效对接。高校成果转移转化平台在成果转化过程中扮演着关键角色。目前高校成果转移转化平台建设面临的主要问题，有技术落地难、合作交流不畅等，通过本章的探讨，我们将详细分析并提出相应的对策，为高校技术研发成果的转化提供全面的思路与策略，以期构建一个多元参与、高效运作的转化平台，帮助高校更好地将科技创新的成果转化为社会发展的动力，推进高校技术研发成果的产业化与社会化进程，为推动科技与产业融合、促进社会经济发展贡献力量。

5.1　专利的转移转化

当前，我国正在加快构建以国内大循环为主体，国内国际双循环相互促进的新发展格局，技术是其中的关键生产要素，而专利就是技术的主要载体。畅通技术要素流转渠道，提高专利资源配置效率，对于促进形成"双循环"新发展格局具有重要意义。

专利（patent），字面上是指专有的权利和利益。"专利"一词来源于拉丁语 litterae patentes，意为公开的信件或公共文献，是中世纪的君主用来颁布某种特权的证明，后来指英国国王亲自签署的独占权利证书。

专利一般通过申请，由政府机关或者代表若干国家的区域性组织审批而颁发。专利申请、审批和颁发等的文件，记载了发明创造的内容、专利权的法律保护范围和期限。在专利权的法律保护范围和期限内，只有经过专利权人许可，他人才能使用该项专利。

世界知识产权组织公布的数据显示，我国 PCT 国际专利申请量已经连续三年位居世界首位。2023 年，在世界主要国家和地区，我国申请人经实质审查获得授权的发明专利达到 7.4 万件，是 2016 年的 3.9 倍；但是，从专利的转化情况来看，转化率只有 10%，远低于美国的 50%，这与专利申请数量极不相配。殊不知，美国在 20 世纪 90 年代初期，科研成果转化率一度攀升至 80%。这样的转化率，对于提高科技水平的作用是可想而知的。

因此，为了改变转移转化率低的状况，2021 年 3 月，财政部、国家知识产权局联合印发《关于实施专利转化专项计划助力中小企业创新发展的通知》（财办建〔2021〕23 号），启动实施专利转化专项计划，利用三年时间，择优奖、补一批促进专利技术转移转化、助力中小企业创新发展成效显著的省、自治区、直辖市，旨在进一步畅通技术要素流转渠道，推动专利技术转化实施。各级政府和企事业单位，也出台了推进专利转移转化的政策和文件。

5.1.1　专利转移转化的方式

专利转移是指专利权人通过市场交易的方式，将自己所获得的专利有偿地转让给另一方。专利转让生效之后，转让的一方不再享有专利的所有权，受让方成为新的专利权人，除专利权人的人身权利外，享有原专利权人享有的专利权的一切财产权利。

专利转化是指把专利转化为实际的产品出售或转化为相关方案提供服务，产生实际的经济效益和社会效益。专利转化有如下几种方式。

5.1.1.1　自主生产

专利权人在获得专利授权后，如果自己有实力的话，完全可以自己研发、自主生产，这也是最好的专利转化方式。这种方式能把所有的权利都掌握在自己的手中，实现生产销售一体化。但是这个方式也有很大的风险，专利产品属于一种全新的产品，没有任何人能够打包票说一定会大卖。自主研发生产如果失败了，那么全部的风险都由自己承担。

5.1.1.2　合作生产

专利合作生产是两个或者两个以上的人合作生产专利产品，把个人的风险变小。合作生产可以是个人与企业合作，也可以是个人与个人合作，这种方式也是现在最主要的一种转化方式，模式内各主体的内在差异性、相互需要和相互作用，促进了知识、信息、技术、成果、人才、资金、管理在企业、高校和科研单位等角色之间的流动。

5.1.1.3 转让专利权

转让专利权是专利权人选择得最多的一种方式，这种方式完全不需要自己承担任何的风险。我国专利转让通常有以下三种形式：

(1)整体的专利转让，实施独占许可，专利权人(发明人)将整体专利转让给一个企业，在双方签订转让合同之后，专利权人(发明人)仅剩发明权。

(2)专利实施排他许可，是一家企业买断该专利，仅专利权人与这家企业可以使用该项技术，不可以将该专利再次转让给第三方。

(3)专利实施普通许可，是专利权人授权给某个企业或个人生产该专利产品，亦可授权多家企业或个人。

转让双方需要签订转让协议，转让方式有多种，可转让部分专利权或转让全部专利权。当然许可专利权也是一种转让专利权的方式，许可专利权只是许可对方可以生产销售，但是专利权还是在自己的手中。

5.1.1.4 技术入股

技术入股也算是一种风险比较小的方式，技术入股通常是把专利技术提供给一个公司，然后从这个公司拿到一定的股份，年终拿到公司分红的一种方式。虽然说技术入股的风险比较小，但是这样的方式并不流行，很多公司都希望能够独享专利权，一般都会自己购买专利。

5.1.2 专利推广和开放许可

加大专利宣传力度，为专利转移转化的参与方提供沟通和交流的便利，是加快专利技术转移转化最有效的方法。

专利授权技术可以参加国家权威机构举办的专利展会或各类大型专业展会。例如可以在国家(北京)专利技术展示交易中心展示专利技术，最大程度上让社会和公众知道并了解自己所持有的专利，并应让专利的具体信息(包括专利类型、发明内容、技术产品特点、个人联系信息等)最大限度地公布出来，从而最大限度地提高专利技术的知名度，更大程度上引起相关技术厂商、投资商、合作者的注意力。

《中华人民共和国专利法》第四次修正后，于 2021 年 6 月 1 日发布实施。新专利法创设了专利开放许可制度，旨在促进供需对接、提升谈判效率、降低制度性交易成本。国家知识产权局也在内部下发了《推进专利开放许可实施工作方案》，向地方知识产权局印发了《专利开放许可试点工作方案》，在 2022 年底前，已经发动超过 100 所高等院校参与试点。专利开放许可，对于专利的转移转化，能够起到非常重要的作用。专利开放的关键是，政府要真正放权，高校院所要真正开明，发明人要真正思想开放，中小企业要真正把高校院所当作获取专利技术的主要目标。

专利开放许可属于专利许可中的普通许可，但是它又比普通许可更有价值，它为授权专利提供了一个长期的网络展示平台，对很多需要专利许可提升自身科学技术水平的中小企业而言，无疑是雪中送炭。因为它可以帮助这些中小企业解决曾经一直困扰他们的难题。

首先，专利开放许可并不是传统意义上的一对一，而是采用一对多的形式。这样的新模式是高校院所专利转化的新路径，同时也让"沉睡专利"活跃在生产第一线，让中小微企业充分共享创新成果，是知识产权助力企业发展的模式创新和机制创新。

其次，提高了供需双方许可效率。2020 年全国专利实施许可合同成交额 815.7 亿元，占全国技术转让合同成交额的 34%，证明专利许可是技术转让的重要途径。同时，2020 年我国有效专利许可率为 6.3%。这个成交率不算太高，还有很大的上升空间。而开放许可最大的特点就是公开透明、简便快捷，可以在更大范围内助力专利找到"接收方"，双方成功牵手。

5.1.3 专利转移转化的政策及导向

为了促进专利的转移转化，提高专利资源配置效率，推动经济社会高质量发展，国家、省、市都出台了许多促进科技成果转化的政策文件。相关重要政策及导向归类说明如下。

5.1.3.1　将科技成果转化纳入国民经济和社会发展规划

2021 年 3 月公布的《中共中央关于制定国民经济和社会发展第十四个五年规划和二〇三五年远景目标的建议》提出，"加强知识产权保护，大幅提高科技成果转移转化成效"，表明在未来若干年里，科技成果转化的目标和工作重心是提高成效，包括提升转化水平，增强转化能力，更好地发挥科技成果转移转化对经济社会发展的促进作用。

《中华人民共和国国民经济和社会发展第十四个五年规划和 2035 年远景目标纲要》（以下简称《纲要》）主要强调从企业主体、人才激励和知识产权运用三个方面强化科技成果转化。

（1）支持企业转化科技成果。

《纲要》第五章第三节提出："创新科技成果转化机制，鼓励将符合条件的由财政资金支持形成的科技成果许可给中小企业使用。推进创新创业机构改革，建设专业化市场化技术转移机构和技术经理人队伍。完善金融支持创新体系，鼓励金融机构发展知识产权质押融资、科技保险等科技金融产品，开展科技成果转化贷款风险补偿试点。"分别从向中小企业转移科技成果、技术转移体系和科技金融三个方面支持企业实施科技成果转化。

（2）落实科技成果转化收益分配政策。

《纲要》第六章第二节提出："实行以增加知识价值为导向的分配政策，完善科研人员职务发明成果权益分享机制，探索赋予科研人员职务科技成果所有权或长期使用权，提高科研人员收益分享比例。"从完善机制、权属改革和加大分配力度三个方面落实以增加知识价值为导向的分配政策。

（3）健全知识产权运用体制。

《纲要》第七章第二节提出："优化专利资助奖励政策和考核评价机制，更好保护和激励高价值专利，培育专利密集型产业。改革国有知识产权归属和权益分配机制，扩大科研机构和高等院校知识产权处置自主权。完善无形资产评估制度，形成激励与监管相协调的管理机制。"分别从专利质量、扩大自主权和完善无形资产评估制度三个方面健全知识产权运用体制。

2020年2月3日,《教育部　国家知识产权局　科技部关于提升高等学校专利质量促进转化运用的若干意见》(教科技〔2020〕1号)文件出台,要求高校紧扣专利高质量发展这一主线,破除"五唯"评价的顽瘴痼疾,着力提升师生科研专利创造质量、运用效益、管理和服务水平,推动高校科技创新和专业建设取得新进展。2021年2月8日,《人力资源社会保障部　财政部　科技部关于事业单位科研人员职务科技成果转化现金奖励纳入绩效工资管理有关问题的通知》(人社部发〔2021〕14号)颁发,强调落实以知识价值为导向的收入分配政策,进一步推动科技成果转移转化。

5.1.3.2　科技成果知识产权及产权制度改革

(1)知识产权保护。

第三次修正后的《中华人民共和国著作权法》对作品及其种类进行了修正,将"作品是指文学、艺术和科学领域内具有独创性并能以某种有形形式复制的智力成果"修改为"作品是指文学、艺术和科学领域内具有独创性并能以一定形式表现的智力成果",即将"能以某种有形形式复制"修改为"能以一定形式表现";将第(九)项"法律、行政法规规定的其他作品"修改为"符合作品特征的其他智力成果"。这些修改扩大了作品的范围,以保护不断出现的新的创作作品。

《教育部　国家知识产权局　科技部关于提升高等学校专利质量促进转化运用的若干意见》(教科技〔2020〕1号)提出了"突出转化导向"的基本原则,强调"优化专利质量和促进科技成果转移转化"的导向,并提出以下重点任务:一是"逐步建立职务科技成果披露制度",要求"科研人员应主动、及时向所在高校进行职务科技成果披露";二是"建立专利申请前评估制度","对拟申请专利的技术进行评估,以决定是否申请专利";三是"加强技术转移与知识产权运营机构建设","支持有条件的高校建立健全集技术转移与知识产权管理运营为一体的专门机构","不断提升高校科技成果转移转化能力","支持市场化知识产权运营机构建设,为高校提供知识产权、法律咨询、成果评价、项目融资等专业服务",等等。

（2）科技成果权属改革。

专利法和国家多个文件规定了职务科技成果权属改革。

新修订的《中华人民共和国专利法》第六条增加了"该单位可以依法处置其职务发明创造申请专利的权利和专利权，促进相关发明创造的实施和运用"的内容，授予职务发明单位处置专利权和专利申请权，为高校院所等科研事业单位和国有企业赋予科技人员职务科技成果知识产权提供了法律依据。第十五条增加了第二款"国家鼓励被授予专利权的单位实行产权激励，采取股权、期权、分红等方式，使发明人或者设计人合理分享创新收益"，根据这一规定，科技人员不仅可获得奖励和报酬，还可分享创新收益。

《国务院关于促进国家高新技术产业开发区高质量发展的若干意见》（国发〔2020〕7号）提出"探索职务科技成果所有权改革"。为推进职务科技成果赋权改革，2020年5月，科技部等9部门印发了《赋予科研人员职务科技成果所有权或长期使用权试点实施方案》（国科发区〔2020〕128号），提出"分领域选择40家高等院校和科研机构开展试点，探索建立赋予科研人员职务科技成果所有权或长期使用权的机制和模式，形成可复制、可推广的经验和做法"，试点期为3年。2020年10月，科技部发布了《赋予科研人员职务科技成果所有权或长期使用权试点单位名单》。

（3）知识产权对外转让。

2018年3月18日，国务院办公厅印发的《知识产权对外转让有关工作办法（试行）》（国办发〔2018〕19号）规定，技术出口、外国投资者并购境内企业等活动中涉及国家安全的专利权、集成电路布图设计专有权、计算机软件著作权、植物新品种权等知识产权对外转让的，需要按照该办法进行审查。其中，知识产权包括其申请权；知识产权转让行为包括权利人的变更、知识产权实际控制人的变更和知识产权的独占实施许可三种情形；审查内容是"知识产权对外转让对我国国家安全的影响"及"对我国重要领域核心关键技术创新发展能力的影响"。该办法明确了两种审查工作机制：一是对于技术出口中涉及国家安全的知识产权对外转让审查，按照知识产权的不同类型进行归口管理，由相应的国家主管部门按照职责进行审查；二是对于外国投资者并购境内企业安全审查中涉及的知识产权对外转让审查，由相关安全审查机构根据拟转让的知识产权类型，征求国家相关主管部门意见，并按照有关规定作出审查决定。

5.1.3.3 创新科技成果转化机制

自 2015 年新修订的《中华人民共和国促进科技成果转化法》施行以来，国家出台了不少政策文件，但成效离预期仍有距离。对于如何提高成效，中央多个文件指明了方向、提出要求、采取措施。

（1）创新机制。

中共中央、国务院于 2020 年 5 月 11 日印发的《关于新时代加快完善社会主义市场经济体制的意见》提出"建立以企业为主体、市场为导向、产学研深度融合的技术创新体系，支持大中小企业和各类主体融通创新，创新促进科技成果转化机制"。

《国务院办公厅关于提升大众创业万众创新示范基地带动作用进一步促改革稳就业强动能的实施意见》（国办发〔2020〕26 号）提出"支持高校和科研院所示范基地在建设现代科研院所、推动高校创新创业与科技成果转化相结合、推进职务科技成果所有权或长期使用权改革、优化科技成果转化决策流程、完善产学研深度融合的新机制、建立专业化技术转移机构等方面开展试点"，目的是为加快科技成果转移转化提供制度保障。

《"十四五"国家知识产权保护和运用规划》提出："推进国有知识产权权益分配改革。强化国家战略科技力量，深化科技成果使用权、处置权、收益权改革，开展赋予科研人员职务科技成果所有权或长期使用权试点。充分赋予高校和科研院所知识产权处置自主权，推动建立权利义务对等的知识产权转化收益分配机制。有效落实国有企业知识产权转化奖励和报酬制度。完善国有企事业单位知识产权转移转化决策机制。"

"促进产业知识产权协同运用。推动企业、高校、科研机构知识产权深度合作，引导开展订单式研发和投放式创新。围绕关键核心技术联合攻关加强专利布局和运用。引导建立产业专利导航决策机制，优化战略性新兴产业发展模式，增强产业集群创新引领力。"

（2）完善制度。

《国务院办公厅关于印发科技领域中央与地方财政事权和支出责任划分改革方案的通知》（国办发〔2019〕26号）提出："对通过风险补偿、后补助、创投引导等财政投入方式支持的科技成果转移转化，确认为中央与地方共同财政事权，由中央财政和地方财政区分不同情况承担相应的支出责任。"

《"十四五"国家知识产权保护和运用规划》提出完善知识产权法律政策体系：

①健全知识产权法律法规。开展知识产权基础性法律研究。统筹推进专利法、商标法、著作权法、反垄断法、科学技术进步法、电子商务法等相关法律法规的修改完善。加强地理标志、商业秘密等领域立法，出台商业秘密保护规定。完善集成电路布图设计法规。推进修订植物新品种保护条例。制定中医药传统知识保护条例。完善与国防建设相衔接的知识产权法律制度。全面建立并实施知识产权侵权惩罚性赔偿制度，加大损害赔偿力度。研究建立健全符合知识产权审判规律的特别程序法律制度。适应科技进步和经济社会发展需要，依法及时推动知识产权法律法规立改废释。

②完善知识产权保护政策。健全大数据、人工智能、基因技术等新领域新业态知识产权保护制度。研究构建数据知识产权保护规则。完善开源知识产权和法律体系。完善电子商务领域知识产权保护机制。健全遗传资源获取和惠益分享制度，建立跨部门生物遗传资源获取和惠益分享信息共享制度。制定传统文化、民间文艺、传统知识等领域保护办法。建立与非物质文化遗产相关的知识产权保护制度。完善体育赛事节目、综艺节目、网络直播等领域著作权保护制度。完善红色经典等优秀舞台艺术作品的版权保护措施。完善服装设计等时尚产业知识产权保护政策。健全药品专利纠纷早期解决机制，制定相关配套措施。完善中医药领域发明专利审查和保护机制。健全绿色技术知识产权保护制度。完善高校知识产权保护管理规定。建立知识产权侵权损害评估制度。

（3）加快转化服务发展。

优化知识产权运营服务体系。推动在重点产业领域和产业集聚区建设知识产权运营中心。培育发展综合性知识产权运营服务平台，创新服务模式，促进知识产权转化。支持高校和科研院所加强市场化知识产权运营机构建设，提升知识产权转化能力。加强知识产权运营专业化人才队伍建设。建立完善专利开放许可制度和运行机制。拓宽专利技术供给渠道，推进专利技术供需对接，促进专利技术转化实施。指导规范知识产权交易，完善知识产权质押登记和转让许可备案管理制度，加强数据采集分析和披露利用。加强知识产权转移转化状况统计调查。

（4）开展高水平的科研。

2019 年 12 月，中共中央办公厅、国务院办公厅印发的《关于促进劳动力和人才社会性流动体制机制改革的意见》提出"开展跨学科和前沿科学研究，推进高水平科技成果转化"。

（5）完善创新链。

《国务院关于全面加强基础科学研究的若干意见》（国发〔2018〕4 号）在"基本原则"里提出"强化科教融合、军民融合和产学研深度融合，坚持需求牵引，促进基础研究、应用研究与产业化对接融通"，并进一步提出"大力推进智能制造、信息技术、现代农业、资源环境等重点领域应用技术创新，通过应用研究衔接原始创新与产业化"。

（6）发展大学科技园。

科技部、教育部印发的《国家大学科技园管理办法》第二条规定："国家大学科技园是指以具有科研优势特色的大学为依托，将高校科教智力资源与市场优势创新资源紧密结合，推动创新资源集成、科技成果转化、科技创业孵化、创新人才培养和开放协同发展，促进科技、教育、经济融通和军民融合的重要平台和科技服务机构。"可见，大学科技园是科技成果转化的重要平台和科技服务机构。第六条规定："国家大学科技园要发挥科技成果转化功能，通过完善技术转移服务体系和市场化机制，推动科技成果信息供需对接，促进科技成果工程化和成熟化，提升高校科技成果转移转化水平。"国家大学科技园实行认定管理和动态管理与分类评价。

5.1.3.4　深化高校院所改革

（1）加大授权力度。

《财政部关于进一步加大授权力度　促进科技成果转化的通知》（财资〔2019〕57号）提出进一步加大国家设立的中央级研究开发机构、高等院校科技成果转化有关国有资产管理授权力度，具体包括四点：一是加大授权力度，简化管理程序；二是优化评估管理，由单位自主决定是否进行资产评估；三是落实主管部门承担科技成果转化有关国有资产管理的主体责任；四是鼓励地方探索符合科技成果国有资产特点的管理模式。

（2）加强国有科技成果资产管理。

2019年3月29日，财政部以财政部令第100号发布了修改《事业单位国有资产管理暂行办法》的决定。修改后的《事业单位国有资产管理暂行办法》规定："国家设立的研究开发机构、高等院校将其持有的科技成果转让、许可或者作价投资给非国有全资企业的，由单位自主决定是否进行资产评估"；"国家设立的研究开发机构、高等院校将其持有的科技成果转让、许可或者作价投资给国有全资企业的"，可以不进行资产评估。第五十六条第一款规定："国家设立的研究开发机构、高等院校对其持有的科技成果，可以自主决定转让、许可或者作价投资，不需报主管部门、财政部门审批或者备案，并通过协议定价、在技术交易市场挂牌交易、拍卖等方式确定价格。通过协议定价的，应当在本单位公示科技成果名称和拟交易价格。"第二款规定："国家设立的研究开发机构、高等院校转化科技成果所获得的收入全部留归本单位。"

（3）规范奖酬金分配。

中共中央办公厅、国务院办公厅印发的《关于促进劳动力和人才社会性流动体制机制改革的意见》提出"研究制定科研人员获得的职务科技成果转化现金奖励计入当年本单位绩效工资总量、但不受总量限制且不纳入总量基数的具体操作办法"。

2021 年 2 月 8 日，《人力资源社会保障部、财政部、科技部关于事业单位科研人员职务科技成果转化现金奖励纳入绩效工资管理有关问题的通知》（人社部发〔2021〕14 号）印发，规范了"事业单位科研人员职务科技成果转化现金奖励纳入绩效工资管理"：

一是"科技成果完成单位按规定对完成、转化该项科技成果做出重要贡献人员给予的现金奖励，计入所在单位绩效工资总量，但不受核定的绩效工资总量限制，不作为人力资源和社会保障、财政部门核定单位下一年度绩效工资总量的基数，不作为社会保险缴费基数"。

二是"属于科研人员在职务科技成果转化工作中开展技术开发、技术咨询、技术服务等活动的，项目承担单位可根据实际情况，按照《技术合同认定登记管理办法》规定到当地科技主管部门进行技术合同登记，认定登记为技术开发、技术咨询、技术服务合同的，项目承担单位按照促进科技成果转化法等法律法规给予科研人员的现金奖励"，按照该通知第一条规定执行。

三是"科技成果完成单位统计工资总额、年平均工资、年平均绩效工资等数据以及向有关部门报送年度绩效工资执行情况时，应包含现金奖励情况，并单独注明"。

5.1.3.5 促进企业实施科技成果转化

2018 年 4 月 19 日，科技部、国资委印发了《关于进一步推进中央企业创新发展的意见》，提出"推进《促进科技成果转化法》在中央企业落地，采取多种方式推动建立中央企业技术交易平台，提高知识产权创造、应用、管理和保护能力"和"加强国家科技成果转化引导基金与中央企业创新类投资基金的合作……联合地方政府、金融机构、社会资本，成立一批专业化创业投资基金，推动中央企业科技成果的转移转化和产业化"。

2019 年 8 月 5 日，科技部印发了《关于新时期支持科技型中小企业加快创新发展的若干政策措施》，提出了以下促进科技型中小企业实施科技成果转化的措施：

一是"推动出台支持科研人员离岗创业的实施细则，完善科研人员校企、院企共建双聘机制"。

二是"在高等学校、科研院所培育建设一批专业化技术转移机构,为科技型中小企业吸纳科技成果提供专业化服务"。

三是"举办科技型中小企业创新产品博览会,开展科技成果直通车"。

四是"开展贷款风险补偿试点,引导银行信贷支持转化科技成果的科技型中小企业"。

五是"探索开展'一带一路'产权交易与技术转移相关工作"。

2021年3月19日,财政部办公厅、国家知识产权办公室印发了《关于实施专利转化专项计划助力中小企业创新发展的通知》(财办建〔2021〕23号),提出"以更高质量的知识产权信息开放和更高水平的知识产权运营服务供给,主动对接中小企业技术需求,进一步畅通技术要素流转渠道,推动专利技术转化实施,唤醒未充分实施的'沉睡专利',助力中小企业创新发展"。

(1)地方开展工作。

专项计划以省(自治区、直辖市)为单位开展实施,有关省份需要聚焦若干战略性新兴产业、知识产权密集型产业等特色优势产业、高校院所,依托相关产业集聚的城市或产业园区,重点开展三方面工作。

一是拓宽专利技术供给渠道。激发高校院所专利转化活力,指导高校院所深化知识产权权益分配机制,挖掘质量较高、具备市场前景的专利;鼓励国有企业分享专利技术,通过先使用后缴纳许可费等方式,降低中小企业专利技术获取门槛。

二是推进专利技术供需对接。依托高校院所知识产权和技术转移中心、产业知识产权运营中心等载体,集中发布专利技术供给信息,开展关键核心技术知识产权推广应用;以中小企业集聚区域为重点,支持服务机构帮助中小企业获取目标专利,组织高校院所、国有企业深入中小企业开展专利技术对接活动;引导涉农专利技术向县域和农业园区转移转化,助力乡村产业发展;鼓励专利权人采用或参照"开放许可"方式,提前发布专利转让费用或许可费用标准、支付方式等条件,提高专利转化效率。

三是提高中小企业专利实施能力。调整优化专利资助奖励政策,更大力度促进中小企业专利转化运用，推动实施进入产品；有条件的地方可以将有关中小企业纳入知识产权质押融资政策扶持范围，积极开展知识产权质押融资"入园惠企"行动，扩大知识产权质押融资覆盖范围；在确保金融安全的基础上，充分发挥省、市现有知识产权运营基金等相关基金作用，助力中小企业专利技术产业化实施。

（2）中央支持政策。

国家知识产权局、财政部对有关省份开展专利转化专项计划给予三方面政策支持。

一是扩大数据开放。国家知识产权局专利产品备案系统，建立专利转让、许可、质押等运营数据和专利产品备案信息定期通报机制，支持有关省份客观评估政策实施效果；对异常转让、许可数据进行监控评价，及时向有关省份反馈。

二是提供绿色通道。国家知识产权局指导有关省份建立涉及中小企业相关专利转让、许可、质押业务办理的绿色通道，提高相关业务受理窗口办理效率，推动有关业务受理窗口向产业集聚区域延伸。

三是给予资金奖补。国家知识产权局、财政部根据绩效评价结果，对方案完善、措施得当、工作推进有力、专利技术转化运用成效显著的省份给予1亿元的奖补资金。

5.1.3.6　改进科技成果转化考核评价

2020年10月7日，国务院总理李克强签发国务院令第731号，公布了新修订的《国家科学技术奖励条例》。条例规定，国家技术发明奖授予运用科学技术知识做出产品、工艺、材料、器件及其系统等重大技术发明的个人；国家科学技术进步奖授予完成和应用推广创新性科学技术成果，为推动科学技术进步和经济社会发展做出突出贡献的个人、组织，将"创造显著经济效益、社会效益、生态环境效益或者对维护国家安全做出显著贡献"即科技成果转化的成效列为国家技术发明奖和国家科学技术进步奖的评审条件。

科技部、财政部、国家发展改革委印发的《中央财政科技计划（专项、基金等）绩效评估规范（试行）》将科技计划项目"对促进科技成果转移转化的作用"列入科技计划项目评估内容。

科技部印发的《关于破除科技评价中"唯论文"不良导向的若干措施（试行）》提出"强化分类考核评价导向"，其中对于应用研究、技术开发类科技活动，"注重评价新技术、新工艺、新产品、新材料、新设备，以及关键部件、实验装置/系统、应用解决方案、新诊疗方案、临床指南/规范、科学数据、科技报告、软件等标志性成果的质量、贡献和影响，不把论文作为主要的评价依据和考核指标"；对于国家技术创新中心、国家临床医学研究中心等技术创新与成果转化类基地，"注重评估对国家重大需求和工程建设的支撑作用、对重大临床需求和产业化需要的支撑保障作用"。

教育部、科技部印发的《关于规范高等学校 SCI 论文相关指标使用　树立正确评价导向的若干意见》提出："对于服务国防的科研工作和科技成果转化工作，一般不把论文作为评价指标。"

5.1.3.7　技术要素市场发展

2020 年 3 月 30 日，中共中央、国务院印发的《关于构建更加完善的要素市场化配置体制机制的意见》提出，"破除阻碍要素自由流动的体制机制障碍，扩大要素市场化配置范围，健全要素市场体系，推进要素市场制度建设，实现要素价格市场决定、流动自主有序、配置高效公平"，并提出"加快发展技术要素市场"的措施。

一是健全职务科技成果产权制度，深化科技成果使用权、处置权和收益权改革。

二是完善科技创新资源配置方式，包括加强科技成果转化中试基地建设、建立市场化社会化的科研成果评价制度、建立健全科技成果常态化路演和科技创新咨询制度。

三是培育发展技术转移机构和技术经理人，包括加强国家技术转移区域中心建设、支持高校院所和科技企业设立技术转移部门、建立国家技术转移人才培养体系。

四是促进技术要素与资本要素融合发展。

五是支持国际科技创新合作。

2020 年 5 月 11 日，中共中央、国务院印发的《关于新时代加快完善社会主义市场经济体制的意见》提出"完善技术成果转化公开交易与监管体系，推动科技成果转化和产业化"。

2020 年 10 月，中共中央办公厅、国务院办公厅印发的《深圳建设中国特色社会主义先行示范区综合改革试点实施方案（2020—2025 年）》提出"完善技术成果转化公开交易与监管体系"。

2021 年 1 月 31 日，中共中央办公厅、国务院办公厅印发了《建设高标准市场体系行动方案》，在发展技术要素市场方面提出了以下措施：

一是创新促进科技成果转化机制，包括提升技术要素市场化配置能力，加强对技术合同和科技成果的规范管理，提高技术转移人员的技术评价与筛选、知识产权运营、商业化咨询等专业服务能力。

二是健全职务科技成果产权制度，包括探索职务科技成果产权激励新模式，完善职务科技成果转化激励政策和科研人员职务发明成果权益分享机制。

三是设立知识产权和科技成果产权交易机构，"支持中国技术交易所、上海技术交易所、深圳证券交易所等机构建设国家知识产权和科技成果产权交易机构，在全国范围内开展知识产权转让、许可等运营服务，加快推进技术交易服务发展"。

5.1.3.8 加强科技成果转移转化服务体系建设

2020 年 7 月 23 日，《国务院办公厅关于提升大众创业万众创新示范基地带动作用进一步促改革稳就业强动能的实施意见》（国办发〔2020〕26 号）提出"构筑产学研融通创新创业体系"，"鼓励企业示范基地牵头构建以市场为导向、产学研深度融合的创新联合体"。

2020 年 5 月 13 日，科技部、教育部印发的《关于进一步推进高等学校专业化技术转移机构建设发展的实施意见》提出的总体思路是"以技术转移机构建设发展为突破口，进一步完善高校科技成果转化体系，强化高校科技成果转移转化能力建设，促进科技成果高水平创造和高效率转化"，主要目标是在"十四五"期间"培育建设 100 家左右示范性、专业化国家技术转移中心"，并提出了六项重点任务：

一是建立技术转移机构。"高校可设立技术转移办公室、技术转移中心等内设机构，或者联合地方、企业设立的从事技术开发、技术转移、中试熟化的独立机构，以及设立高校全资拥有的技术转移公司、知识产权管理公司等"。

二是明确成果转化职能。高校可"授权技术转移机构代表高校和科研人员与需求方进行科技成果转移转化谈判"。

三是建立专业人员队伍。"接受过专业化教育培训的技术经理人、技术经纪人比例不低于 70%"。

四是完善机构运行机制。技术转移机构要"建立技术转移全流程的管理标准和内部风险防控制度"，并"建立技术转移从业人员评价激励机制，畅通职务晋升和职称评审通道"。

五是提升专业服务能力。"技术转移机构应具备政策法规运用、前沿技术判断、知识产权管理、科技成果评价、市场调研分析、法律协议谈判等基本能力，逐步形成概念验证、科技金融、企业管理、中试熟化等服务能力"。

六是加强管理监督。"高校要加强对科技成果转移转化、知识产权管理等工作的统一领导"。

2020 年 3 月 21 日，科技部印发的《关于科技创新支撑复工复产和经济平稳运行的若干措施》将推进科技成果转移转化列为多项措施的内容，并将加快国家技术转移体系建设列为 18 项措施之一。

2020 年 4 月 29 日，科技部办公厅、财政部办公厅、教育部办公厅、中科院办公厅、工程院办公厅、自然科学基金委办公室印发的《新形势下加强基础研究若干重点举措》提出："推动产学研协作融通，形成基础研究、应用研究和技术创新贯通发展的科技创新生态。"

5.1.3.9 支持在行业领域推进科技成果转化

2021 年 3 月 16 日，国家发展改革委等 13 个部门印发了《关于加快推动制造服务业高质量发展的意见》(发改产业〔2021〕372 号)，提出"发展研究开发、技术转移、创业孵化、知识产权、科技咨询等科技服务业，加强关键核心技术攻关，加速科技成果转化"，以"提升制造业技术创新能力"。这是因为技术转移、成果转化是"产学研协同创新"的重要内容，也是"产业链与创新链精准对接"的重要途径。

2020 年 10 月，国家铁路局印发的《铁路行业科技创新基地管理办法(试行)》(国铁科法规〔2020〕38 号)规定的铁路行业科技创新基地包括铁路行业重点实验室和铁路行业工程研究中心，前者的职能是"开展基础研究、应用基础研究、前瞻性技术以及相关公益性技术研究"，后者是"促进重大科技成果转化和产业化的孵化器"，促进科技创新成果的工程化、产业化。

2019 年 1 月 16 日，《中共自然资源部党组关于激励科技创新人才的若干措施》(自然资党发〔2019〕2 号)提出"用好科技成果转化政策激励人才"，并规定"技术转让或者许可所取得的净收入，可提取不低于 80% 的比例，用于奖励对完成和转化科技成果作出重要贡献的人员"。

交通运输部、中央网信办、国家发展改革委、教育部、科技部、工业和信息化部、财政部印发的《智能航运发展指导意见》提出"探索和支持科研院所、高等院校与企业联合开展智能航运仪器、设备、系统及相关软件等关键技术研发和成果转化"。

5.1.4 专利奖励

为深入实施创新驱动发展战略，鼓励创新成果取得专利权，提高专利质量，促进知识产权的创造、保护和运用，表彰为经济社会发展作出突出贡献的专利权人，国家及各省(自治区、直辖市)都制定了相应的专利奖励政策。

下面主要简要介绍《中国专利奖评奖办法》和湖南省的专利奖励政策，从中可以看出国家和地方政府为鼓励创新成果所做的政策支持。

(1)中国专利奖情况摘要(《中国专利奖评奖办法》)

《中国专利奖评奖办法》明确国家知识产权局与世界知识产权组织(WIPO)共同开展中国专利奖评选工作,每年举办一届。在国家知识产权局设立中国专利奖评审委员会,国家知识产权局会同世界知识产权组织开展中国专利奖的评审、批准和授奖等有关工作。中国专利奖设中国专利金奖、中国专利银奖、中国专利优秀奖、中国外观设计金奖、中国外观设计银奖、中国外观设计优秀奖等奖项。中国专利金奖、中国专利银奖及中国专利优秀奖从发明专利和实用新型专利中评选产生,评出中国专利金奖不超过30项、中国专利银奖不超过60项。中国外观设计金奖、中国外观设计银奖及中国外观设计优秀奖从外观设计专利中评选产生,评出中国外观设计金奖不超过10项、中国外观设计银奖不超过15项。

(2)《湖南省专利奖励办法》

该办法规定,湖南专利奖每年评审一次,设一等奖、二等奖、三等奖,对为湖南省国民经济和社会发展作出重大贡献的发明专利授予特别奖。奖励资金从湖南省知识产权战略推进专项资金中列支。

特别奖:数量不超过1项,奖励人民币30万元。

一等奖:数量不超过8项,每项奖励人民币10万元。

二等奖:数量不超过12项,每项奖励人民币5万元。

三等奖:数量不超过30项,每项奖励人民币3万元。

5.2 技术研发成果转化为教学资源

高校的主要任务是培养具有创新精神和实践能力的高素质人才,习近平主持召开中央全面深化改革委员会第二十三次会议时强调:"深化科教融合育人,为加快建设世界重要人才中心和创新高地提供有力支撑。"因此,教学与科研是高校教师的重要职责,高校教师要处理好教学、科研之间的关系,两者要双向良性互补,高校教师要积极地把技术研发成果转化为教学资源,为培养人才的主任务服务。

5.2.1　技术研发成果转化为教学资源存在的问题

科研成果能否顺利转化并多渠道在教学中应用，直接影响高校课程建设、师资水平、培养质量等。目前在各类高校，技术研发成果转化为教学资源还存在很多问题。

5.2.1.1　科研立项的问题

(1)高校教师的科研价值取向存在偏差。

教师的科研行为是教师根据一定的价值取向，在其价值判断基础上进行的选择行为。科研人员在项目选题上多倾向于关注学术性和先进性，不太关注实用性，过分强调研究视角新颖性和研究领域的独特性，主要目标是提高课题的立项概率，甚至部分科研负责人进行项目中报的出发点就是职称评聘或获取经费等功利目的。学术机会主义的盛行直接影响科研成果实用价值，降低了科研成果的适用性，增加了科研成果转化的难度。

(2)科研选题脱离市场需求与地方经济发展需要。

科研人员市场意识不强，选题时未做足市场调查，不了解市场和企业真实现状和发展瓶颈，科研成果无法真正满足企业和市场需求，成果转化也就成为无本之木；选题忽视地方经济特点和优势，未能充分利用地方资源，从而使科研成果的转化缺少地方政府和企业的支持。很多地方高校科研的创新输出脱离地方文化需求和周边企业技术需求，科研形式、科研成果不接地气，直接影响其科研发展的可持续发展。

5.2.1.2　科研成果的问题

(1)学术性成果多于应用性成果，实用性、应用性成果偏少。

不同的科研成果呈现方式不同，科研成果的表述主要有论文、调研报告、专著等几种常见的形式，出于职称评审目的的科研人员以完成项目结题为目标，科研人员基于成本—效益分析选择学术性的科研成果，雷同的呈现方式限制了科研成果转化为教学资源的方式。

(2)科研成果自身适用性较弱。

科研成果的表述方式和体系结构与教学内容的特点不同，学生知识基础和科研成果学术水平不匹配，科研成果与科研人员专业和所教学科的关联度不高，以及转化的可行性和可能性不高，教学规律与科研成果的不相融合等，导致科研成果不能直接作为教学资源，加上部分研究成果有其特殊性和局限性，不适宜大面积推广，这些都降低了成果的转化率。

5.2.1.3　科研成果转化机制问题

(1)科研成果转化的评价机制不到位。

科研人员绩效考核内容只包括考核科研成果的数量和学术水平，并未把科研成果转化纳入科研成果评价体系。高校科研成果转化为教学资源的绩效评价方法、评估指标体系和评价标准处于不成熟阶段，科研管理部门和教学管理部门成果转化意识不强，对成果转化大多采取的是质量管理，对转化过程管理监管不到位，科研成果的转化主要依赖于教师自身的学术责任，科研成果应用对教学水平的提高并未起到明显作用。

(2)科研成果转化的保障机制不健全。

其一，科研经费有限，近年来高校科研经费数额有所增加，科研成果转化率却远远没有达到预期效果。由于地方高校科研实力的限制，其科研项目的级别偏低，其科研的最大输出应该是为教学建设服务，但与之配套的项目经费在完成工作指标后对后续的成果转化投入明显不足，直接限制教师的科研成果转化动力。

其二，成果转化政策落实不到位以及规章制度约束不足。科研成果转化为教学资源的比例低，相关政策在实际运行中屡遭搁浅，高校教师对相关政策的态度表现为不了解、不重视，使得政策形同虚设。

5.2.2　技术研发成果转化为教学资源的原则

技术研发成果转化为教学资源，必须树立健康的学术价值取向，科研选题应反映市场需求，服务地方经济建设，技术研发成果能够真正地为培养创新人才服务。

（1）树立健康的学术价值取向。

教师的科研行为受学术价值取向的制约①。高校教师要以社会主义核心价值观来引领当代高校教师的学术价值观培育，使教师成为学术价值观的坚定信仰者、积极传播者和模范践行者。只有遵循社会主义核心价值观，使其成为学术界的普遍价值准则，成为学者的价值实践，才能达到学术健康持续发展的目标。

（2）科研选题应反映市场需求。

进行科研选题前应进行市场调研，深入企业或市场去了解现实需求，使科研成果的开发能以市场为导向，从而保证科研成果的实用性和应用性。进行科研选题应注意本地区或本行业经济发展动态，关注地方科技攻关方向，了解省市—级的科技发展规划，分析地方政府和企业的技术需求和投资方向，项目申报时要瞄准地方经济发展要点，项目的研发应充分利用地方资源，体现地方特色和优势，达到高校科研与地方经济建设有机结合的目标。

（3）突出课题立项的教学应用性。

课题立项前由科研管理部门召开评审专题会议，进行严格的课题可行性论证。校内评审专家都是学术委员会成员，学术委员会的成员构成中，除了来自教学一线的高职称教师之外，其余绝大多数是各教学部门的负责人。他们熟悉学校的教学工作，能够准确地判断出课题的实用性、与其所教学科的关联度以及成果转化潜力，选择既能产生效益为企业所采纳应用又能促进教学改革、提高教学效果的课题立项，最大限度地实现课题立项的实际功用性。

（4）科学分类各类科研成果，精准选择转化方式。

自然科学科研成果主要分为论文、专著、研究报告、新品种、新产品等。人文社科的科研成果分为四种类型，即学术创见型、决策咨询型、理论宣传

① 潘萍.高职院校科技成果转化激励机制优化路径探究[J].投资与创业，2023，34（9）：178-180.

型和文化传承型。其中,学术创见型成果主要向教学和科研转化,主要特点是具有较强的学术性和原创性,其成果的贡献也主要体现在理论上,短时间内还不能直接转化为生产力,不能对社会、经济发展产生明显的推动作用。这样的成果可以先在高校的教学与科研中转化,经过论证得以确认其正确性之后,再通过决策咨询向政策、法律、法规转化。

5.2.3　技术研发成果转化为教学资源的思路

5.2.3.1　拓宽研究背景,以理论引申深化教学内容

科研项目一般集中在解决科学问题的技术路线上,要求学生具备一定的专业基础知识才能全面地理解科研项目需要解决的关键科学问题和具体研究内容,因此给学生授课时必须先向学生讲述必要的与科研项目相关的基础理论知识。

从教学方面来看,这个科研项目是对学生所学知识的进一步延伸,可作为对学生所学知识的补充和完善,同时使学生感受到所学内容紧跟专业生产开发实际,调动学生努力学好专业课的积极性。这种拓宽研究背景、理论引申深化教学内容的方式,能使学生感受到自身所学知识不完善,从而聚焦学生思想,提高教学效果,实现教学目的。

5.2.3.2　完善成果表述,以案例剖析丰富教学模式

科研成果一般具有规范的表述形式,技术性较强,要求相对严格,不适宜作为教学资源。而教学内容的表述形式则比较灵活,可形式多样地表达,因此应把握课程教学自身的特点,结合科研成果转换的具体内容,合理地将科研成果以通俗易懂的方式表述出来。有些科研成果是基本理论及方法在某方面的具体应用,当学完该部分理论知识后,教师应当立即结合具体案例的剖析,阐述该理论或方法的实际应用情况。科研成果在以案例剖析的方式开展教学的时候,也可以在实践环节让学生参与计算机软件相关操作,丰富教学模式。

5.2.3.3 共享科研资源，以专题讲解透析前沿动态

教师以新近参加的国内外学术会议收集的资料以及教师科研项目的最新研究进展和重要研究成果等内容为主，把相关资料、成果转化为学科前沿专题讲座[1]。其授课采取灵活机动的办法，穿插于理论授课的某一次课堂教学当中。当前沿动态知识未达到一堂课的知识量或者知识比较零碎不适合作为一个专题进行讲解时，也可以将现有的资料或科研成果结合教学内容改编成讲义，融入教学课件或教案中，作为专题讲座授课内容的补充。除了在课堂以专业讲座讲授外，教师还可以将相关资料、成果作为补充学习材料发给学生课后阅读，为课程教学提供素材。这种专题讲解透析学科前沿动态讲座的方式，不仅能丰富课程教学内容，还能提高学生的学习兴趣，培养学生的钻研精神，促进学生科学研究能力和创造创新能力的发展。

5.2.3.4 参与实际科研，以导师帮扶推进科学研究

在高校的教学实践中，可以通过教师和学生的互选，实施导师制的教学模式，让学生参与导师的实际科研项目。学生在刚开始做项目的时候可能会有无从下手的感觉，这时就需要导师系统培训和认真指导。导师可以根据学生实际情况制订相关的发展计划，并要求学生通过大量文献的阅读提出合理的研究方法，再在导师的帮助下对研究方法进行修正或者具体化，从而融入导师实际的科研项目当中，进而锻炼学生的科研能力和创新意识，促进学生实践科研能力的发展。这种以导师帮扶推进科学研究的教学模式，不仅可以为学生毕业后参加工作提供一定的实践经验，而且可以促使其毕业后能迅速适应与学科相关的工作。

5.2.4 技术研发成果转化为教学资源的保障

完善技术研发成果转化为教学资源的评价机制，提供充足转化经费，才

---

① 万晓.协同创新视角下高职院校科研成果转化能力机制研究[J].科技经济市场，2022(11)：1-4.

能保障转化的教学资源的有效性和质量。

5.2.4.1　完善技术研发成果转化为教学资源的评价内容、评价标准和评价方式

首先，要明确技术研发成果转化的评价内容，包括评价技术研发成果的属性、评价技术研发成果转化形式以及技术研发成果转化的效果。

其次，设计一套技术研发成果转化形式评价标准，赋予各转化形式不同的分值，并结合基于建立的技术研发成果转化效果评价标准取得的分数，进行数据分析，在量化基础上建立评价标准和指标体系。

最后，进一步完善评价方式，将科研人员的自我评价和同行评价相结合，改进定性和定量相结合的评价方式，对技术研发成果作出更为客观、科学的评价。

5.2.4.2　完善技术研发成果转化为教学资源的经费保障及政策保障

为了快速、高效地实现成果转化，高校相关部门可设立专项资金，支持科研人员开展实现成果转化工作，还可以与企业等其他社会组织合作，多方筹措资金，完善经费操作规范的同时对经费的应用进行严格监管，发挥经费实际效能，从而为教师进行教学改革及教学资源建设提供物质支撑。

5.3　高校成果转移转化平台建设

高校作为建设国家自主创新体系的重要力量，不仅要培养创新型人才，更是科技创新的有生力量。科技成果转化是高校服务地方经济社会发展的直接途径，高校科技成果转化能力是衡量高校学术水平和综合竞争力的标准，也是衡量高校促进地方经济转型升级和产业结构调整的重要指标。

2019 年教育部数据统计表明，高校专利出售合同数仅占专利授权数的3.3%，技术转让合同 1 万多项，成果转化的效率不高。因此，高校建设成果

转移转化平台，建立健全相关制度流程，打通科技成果与市场对接转化渠道，有利于进一步加强高校与企事业单位之间的信息交流、资源共享及合作，对推进高校科技成果转化、促进科技创新与经济发展具有重要意义。

5.3.1 高校成果转移转化平台建设面临的主要问题

高校主要存在不重视成果转移转化、成果转移转化专业人才缺失、成果转移转化没有资金配套支持、成果转移转化激励不足等问题，严重影响了高校成果转化率的提升。

5.3.1.1 高校不重视科研成果的转移转化

我国对高校的评价一般是基于高校的人才培养、科学研究、社会服务、文化传承创新和国际交流合作五大职能。相对于其他职能，社会服务中的科研成果转化投入的人力成本和资金成本高，成果转化转移周期长，效果不可明显预见，因此高校并不像重视教学科研一样重视科研成果的转移转化。

5.3.1.2 成果转移转化的高水平专业队伍缺失

科研成果不能产生实际的经济社会效益，是人力、经费、成果等科技资源的巨大浪费。高校教师是高校科研创新的绝对主力，但他们大量的时间和精力集中在日常的教学和科研上，对科技成果转移转化的商业化运营了解不多，独立完成科研成果转移转化难度很大，必须有专门从事成果转移转化的知识产权、法律、金融等方面的专业服务团队，才能有效推进科研成果的转移转化，提高成果转移转化的质量和效率。据统计，我国仅40.8%的高校有从事成果转移转化的工作人员，平均每所高校拥有专职和兼职工作人员8人，但大多数只是从事专利申请和管理等工作，缺乏科技成果转移转化的专业培训，成果转移转化的专业能力不足，造成高校科研成果与企业、市场的需求沟通不畅，严重影响了高校科研成果的转移转化。

5.3.1.3 职称评审和绩效考核等激励制度不合理

目前，高校的职称评审和绩效考核集中在教师科研成果的质量和数量上，成果转移转化占比很少或没有。相对于成果转移转化的难度和工作量而言，教师只愿意多出成果，不愿意在成果转移转化上花费精力和时间，甚至对企业的转移转化需求视而不见，对学校的成果转移转化工作敷衍塞责，严重影响了成果转移转化的效率和质量。

5.3.1.4　科技成果转移转化资金不足

高校教师课题经费主要用于仪器设备、耗材采购、评审费、版面费等支出，而成果转移转化过程中的中试、开发、应用和推广的资金需求较大。高校也很难像重视教学科研一样，对可转移转化项目全部投入，更没有积极对外推广可转移转化成果，争取到的企业和政府提供的资金也较少，严重影响了高校科技成果的转移转化。

5.3.1.5　成果转移转化的专业化信息系统缺失

传统的科研管理系统侧重高校内部的成果管理，没有成果转移转化全过程的专业化系统管理，亟须建设成果转移转化的专业化信息系统，与政府转移转化信息系统、中介信息系统互联互通，实现高校科研成果、政府政策、企业需求信息的共享，有效地促进成果的转移转化。

5.3.2　高校成果转移转化平台建设的对策

5.3.2.1　加大人才引进和培养力度，建设成果转移转化高水平专业团队

高校科技成果转移转化专业人才需要具备专利申请、专利保护、专利运营、成果价值评价、风险投资、成果转化、市场经营等方面的知识和能力。要建设成果转移转化的高水平专业团队，一是引进经验丰富的专业人才，二是加强现有管理人员的专业性培训，在内部或其他高校合理轮岗交流，培养成果转移转化的复合型人才。

5.3.2.2　强化成果转移转化的激励，充分调动相关各方的积极性

高校要提升科技成果转移转化水平，首先要充分认识到成果转移转化对

促进高校发展的重要意义；强调成果转移转化的经济与社会价值，促使高校科研人员转变"重学术、轻市场"的观念，既注重研究项目的学术性，更重视研究成果的可转化性。

其次要摒弃只看重论文、著作、获奖等成果的职称评审和绩效考核模式，将成果转移转化与科研、教学放在同等重要的地位，根据成果转移转化的难度和经济与社会效益，提高成果转移转化的占比和分值。

最后要建立成果转移转化的利益分配制度，明确成果发明人的项目收益比例，对项目转移转化相关人员给予适当的报酬和奖励，激发成果发明人和项目转移转化团队的活力与积极性。

5.3.2.3 设立成果转化专项基金，形成良性滚动循环

科技成果转化除创造经济和社会效益外，还能促进科研与产业的融合，进而推动教学更贴近社会的需要，提高毕业生的质量和就业率，提升高校的办学水平。因此，虽然高校资金有限，不能实现所有项目的转移转化，但可以设立成果转化专项基金，每年在成果项目中，根据资金需求和其他条件，主动与政府、企业、中介平台等多方合作，通过市场筛选出可实现转移转化的项目，积极推进成果的转移转化，做到投入一项，成功一项；成果转移转化的项目收益，除报酬和奖励外，全部转入专项基金，形成良性滚动循环。

5.3.2.4 建设成果转移转化的专业化信息系统，提高转移转化的速度和效率

专业化信息系统要服务成果转移转化全过程，提高转移转化的速度和效率，必须具备以下功能。

①发布和定点推送学校的成果、实验室、研究中心、科技人才和行业专家等成果和技术服务类信息。

②与政府转移转化信息系统、中介信息系统互联互通，方便快捷地共享相关信息。

③与企业网络平台实现互联互通，共享相关信息，为企业提供技术需求、项目招标、技术咨询等信息的发布和交流通道。

④为高校、企业、政府、中介等相关用户提供网络实时互动交流，及时解决相关问题，提高工作效率。

⑤为高校、企业、政府、中介等多方用户提供成果转移转化全过程的服务和管理，确保项目转移转化顺利完成。

⑥实现信息系统的数据统计和分析，及时发现和解决相关问题，保证信息系统能有效、可靠地持续运行。

第六章

职业院校社会服务

　　职业院校不仅是技术与职业能力的培养者，还是社会服务的积极参与者与推动者。在当前社会需求与教育发展交汇的背景下，深入探讨职业院校在履行社会服务使命方面的重要角色与实践显得尤为关键。在本章中，我们将聚焦职业院校的社会服务，在涵盖从终身教育到职业启蒙教育，再到企业员工培训、职业院校教师培训、社区学院以及服务乡村振兴等多个领域，深入探讨职业院校履行社会服务使命的背景、重要性和潜力，以及社会服务的实践内容、形式及价值显现，展示其在面向不同社会层面的服务中所面临的挑战与机遇，体现其在社会服务域的角色和重要性。

6.1　社会服务的内涵

社会服务"威斯康星思想"的集大成者范·海斯(Charles Richard van Hise)首次提出将社会服务作为高等教育继续教学和科研后的第三职能,认为"人类社会的进步和财富的积累在于实用知识在人民之间的传播以及研究成果在州、国家乃至整个人类社会的广泛运用"。高职教育作为高等教育的重要组成部分,其职业性、应用性等特点决定了高职院校社会服务不等同于普通高校,因此社会服务是高职院校的基本功能和使命。许多学者对高职院校的社会服务职能的概念进行了界定、综合。笔者认为,高职院校社会服务包括:高职院校根据自身特点,利用自身的资源为社会培养应用型人才;面向社会广大民众开展职业技能培训和职业水平鉴定工作;积极开展科研活动,为社会提供技术开发、技术推广、技术咨询等服务;响应国家号召,服务国家政策,为相关地区和群众提供定向服务;开展志愿者服务工作,为社区或乡村提供科普、文化、生活等方面的服务;等等。

6.1.1 高职院校社会服务的实践内容

6.1.1.1 支援与协作：国家战略与倡议服务

高职教育对国家战略的支援与推进是其服务社会的重要内容之一。对内方面，高职教育在脱贫攻坚中发挥了重要作用，不少高职院校实施了"援疆""援藏"等精准扶贫计划，一定程度上推动了全面脱贫目标的实现；对外方面，高职院校在"一带一路"倡议的推进中崭露头角，协助中国企业"走出去"，输出中国的技能文化与工匠精神，为世界贡献了"中国方案"。

（1）技术支援与精准扶贫。

教育扶贫是脱贫攻坚工作的五大工程之一，而职业教育因为能够极大地提升贫困地区人口的劳动技能水平，使其获得养家糊口的能力，因此其提供的教育扶贫被学者称为"换血式"的扶贫。高职院校在脱贫攻坚中发挥的作用主要体现在以下两个方面。

一是把优秀的资源"送过去"。一方面，此处的"资源"指优秀的教学资源，即发达地区的高职院校向贫困地区输送成熟的办学经验、教学模式与优秀的专业师资、精品课程，以帮扶当地职业院校、职教事业的发展。另一方面，此处的"资源"亦指优秀的技术资源，即高职院校在帮扶贫困地区发展职业教育的同时，也给当地的企业带去了先进的技术和配套的员工培训，为当地的产业发展、经济建设提供了技术支持。

二是把当地的学生与教师"迎过来"，帮助贫困地区开展技能型人才与职教师资培养。部分发达地区的高职院校面向贫困地区招收学生，设立如"新疆班"等特殊招生通道，帮助贫困地区的学生享受到相对较好的学习环境与教学资源，并根据学生的自身情况为其定制并开设专业培训，为生源地培养符合发展需求的人才。同时，发达地区的高职院校也积极与贫困地区的职业院校开展合作，为当地中职骨干教师提供课程改革、资源库建设、普通话等方面的培训，解决当地的师资质量问题。

（2）区域协作与"一带一路"。

随着"一带一路"进程的推进，中国产品、中国企业分布于全球多个国家和地区，不少企业在"一带一路"共建国家和地区设立机构，投资办厂。在国家政策的引导下，部分高职院校开始投身于"一带一路"建设，服务我国企业"走出去"。

一是培养认同中国文化的职业教育留学生。部分高职院校面向"一带一路"共建国家和地区招收学员，携手行业企业开展订单式培养，注重将中国文化、行企标准规范融入留学生课程，培养了一批具有较高汉语水平、较强技术能力和认同中国企业文化的技能型人才。二是伴随企业"走出去"，培养海外本土技能型人才。部分高职院校适应企业"走出去"的需求，伴随中国企业漂洋出海办学，在国（境）外设立办学点，开展办学、劳务培训、技术培训等服务，输出我国的优质职业教育资源，推动中国职业教育走向国际舞台。

湖南铁道职业技术学院作为全国"一带一路"职教联盟发起单位之一和中非经贸合作职业教育产教联盟副理事长单位，紧跟高铁"走出去"。学校与俄罗斯圣彼得堡国立交通大学合作开办铁道机车等三个中外合作办学专业，在校生338人。2018年，学校获得招收留学生资质。2019年开始招生，已培养来自泰国、尼日利亚、孟加拉国、吉尔吉斯斯坦等13个国家的139名留学生。为"蒙内铁路""中老铁路"等"一带一路"项目培训轨道交通本土员工430多名。

培育与认证：开展社会培训服务职业技能培训。高职院校的职业技能培训旨在为社会培养高素质的技术技能人才，服务经济社会发展。一是面向企业的员工培训。作为高职院校开展校企合作的一个重要内容，面向企业的员工培训大致包含以下两个方面：根据岗位需求提升员工技能水平，即高职院校依据企业员工的岗位特点提供相对应的职业技能培训，提升员工的职业能力；提升在岗员工的职业素养，即帮助员工明确行业规范、行为准则，传递敬业爱岗、精益求精、敢于创新的职业文化与工匠精神。二是面向社会的成人培训。高职院校充分发挥学校的教学资源优势，面向社会和个人提供就业技能培训。

职业教育师资培训。高职院校的职业教育师资培训旨在为社会培养优质的职业教育教师，促进职业教育事业发展。目前，越来越多的高职院校着手打造职业教育教师培训中心，职业教育师资培训也愈发受到高职院校的关注。师资培训主要分为以下三类：一是开展专业技能培训，提升在岗教师的专业技能水平，培养"双师型"的师资队伍；二是开展教学技能培训，即面向中高职教师开展教学方法培训，分享优秀教师的授课经验，提升教师的教学水平；三是开展教学管理培训，即围绕办学理念、管理模式、课程改革等内容进行培训与交流，提升高职院校的管理水平与教学质量。

6.1.1.2　拓展与联动：终身教育服务

随着服务群体的多元化、服务内容的丰富化，依托专业优势开展终身教育成为高职院校进行社会服务的另一项重要内容。越来越多的高职院校开始联合中小学、社区学院、老年大学等各类教育机构，为不同年龄层次的群体提供有针对性的教育服务。

职业启蒙教育。近年来，青少年的职业启蒙教育愈发受到社会关注。《国家职业教育改革实施方案》明确提出，"鼓励中等职业学校联合中小学开展劳动和职业启蒙教育"。引导中小学生了解职业教育、体验职业乐趣、展望职业前景、树立职业理想成为职业院校服务社会的重要内容。有学者将职业启蒙教育视为职业教育的预备教育，认为这不但是职业教育服务社会的一条创新路径，也是提高职业教育质量与社会声誉的重要途径。

社区教育与老年教育。一些高职院校积极与社区联动，联合开展社区学院、特色学院的教育教学工作，依据社区居民的特点与兴趣定制如西点制作、家政、旅游、健康养老等趣味课程或专业培训，满足当地居民的学习需求。此外，部分高职院校还面向社区开放办学，与社区共同培养职业技能型人才，打造产教融合的职教特区。在老年教育服务上，高职院校联合民政局、养老院等老年服务机构培养适老人才，提供专业培训。

6.1.2 高职院校社会服务的价值显现

6.1.2.1 教育价值：培养优质技能型人才

育人是高职院校的首要目标与最重要的作用，这在其社会服务过程中得到了充分体现。无论是与企业合作，开展员工岗位培训以提升企业绩效，还是与有关部门合作，组织专职干部培训班以提升部门管理水平，抑或是向贫困地区给予优质的职业教育支援促进当地经济发展，高职院校发挥服务功能的本质是培养具备一定技能水平、一定专业素养的优质技能型人才。即使是面向中小学生的职业启蒙教育，在某种意义上也可理解为在青少年认知世界的初期，为其播种了一颗职业的种子，为其提供了一个未来向技能型人才发展的可能。因此，培养优质技能型人才是高职院校社会服务最不可忽视的核心作用，高职院校在服务社会的过程中不能丢掉育人的初心与使命。

6.1.2.2 经济价值：促进地方经济发展

习近平总书记强调，技术工人队伍是支撑中国制造、中国创造的重要基础，对推动经济高质量发展具有重要作用。因此，服务地方经济发展是高职院校社会服务功能发挥的重要价值之一。一方面，高职院校能够助力产业的转型升级。"校企合作，产教结合"的联合培养模式为产业由劳动密集型升级为技术密集型提供了高素质人才资源的支撑。此外，符合现代化生产需求的岗位培训也能够促进在岗技术人员数字化素养及技能水平的提升。另一方面，高职院校能够助力中小企业提升核心竞争力。高职院校的技术服务能够极大地促进中小企业的技术研发与创新，满足新兴产业的技术升级需求。同时，在服务地方经济发展的过程中，高职院校也取得了较好的经济效益。

6.1.2.3 社会价值：推动学习型社会建设

高职院校的社会服务在一定程度上能够推动学习型社会的建设。首先，高职院校的社会服务具有终身性，基本能够覆盖各年龄阶层的学习者。从学龄儿童的职业启蒙教育到在岗工人的岗位培训，从面向社区居民的职业体验课程到服务长者的老年教育项目，高职院校能够满足多样化群体的不同学习需求，有助于营造全民学习的氛围。其次，高职院校的社会服务具有生产性，能够有效促进学习资源的生产。除专业人才培养外，高职院校还依托专业优势，为社区、企业等不同的需求主体提供相应的培训课程与配套服务。部分院校还参与社区学院、老年大学的办学，从专业师资的培养到课程资源的开发再到学习场所的建设，从不同维度推动学习资源的生产，为学习型社会建设打下基础。最后，高职院校的社会服务具有公益性，促进了教育公平，保障了弱势群体。经济欠发达地区对技能型人才的急迫需求，使得高职院校成为教育扶贫的主战场。职业教育的介入往往能够高效地改善当地贫困的现状：一方面，高职教育能够赋予贫困家庭的子女以脱贫致富的技能；另一方面，高职院校在扶贫工作中的努力也保障了贫困地区学子的受教育权利。

6.1.2.4 文化价值：职业文化的传播输出

高职院校是培育工匠精神、培养"大国工匠"的重要场所，因此，其社会服务能够有效地输出与传播以工匠精神为代表的职业文化。第一，高职院校的社会服务提供了展示职业文化的良好平台。人们对事物的认同是要建立在了解的基础之上的。高职院校面向青少年举办"职业开放日"活动，入驻社区学院开设职业课程，或是在技能研发过程中传递的创新精神，都是一个向社会展示工匠精神、帮助人们了解职业文化的过程。当人们逐渐了解职业教育、理解职业精神，自然就会越来越多地认同与赞赏。第二，高职院校的社会服务创建了文化传播的良好途径。高职院校的社会服务受众极广，不但有在职的技术工人，更有青少年、老年人等其他群体，因此，能够将工匠精神渗透至社会的每一个层面。受到影响的技术工人再将这种精神文化带到生产实践中去，通过他们的践行与传递，也将极大地影响社会文化与社会氛围。

6.2　服务终身教育

6.2.1　终身教育的内涵

6.2.1.1　国外学者的界定

终身教育思想的代表人物是当代法国著名的成人教育理论家、成人教育家、终身教育的积极倡导者和奠基者保罗·朗格朗。关于终身教育的内涵，朗格朗认为，终身教育是一系列很具体的教育思想、实验和成就。也就是说，终身教育是一种理念方针，一种教育的指导原则。换言之，它就是完全意义上的教育，包含了教育的各个方面、各项内容；就是从人出生的那一天起一直到生命终结时的不间断的发展，包括了教育各个发展阶段之间的有机联系。朗格朗又在《何谓终身教育》一文中分析认为，终身教育绝非如人所云——"实际上是在过去具有长期传统的教育形态上添加了一个新名词而已"，也并非与"大众教育""成人教育"完全等同，而是它们的一种超越和升华，是一种"更加广泛的概念"，其中主要包括两层含义。

①"每个人都要实现自己的抱负，发展自己的可能性，以适应激荡的社会不断投向人们的课题"，因而，未来的教育过程"不再是一个人由初等、中等或大学等任何一个学校毕业之后就算完结了，而应该是通过人的一生持续进行"。

②现行的教育是"闭锁的、僵硬的"，是"以学校为中心的"，未来的教育则将"有关的多种因素加以体系化，并且阐明他们之间的相互关系"，亦即将社会整个教育和训练的全部机构和渠道加以统合，从而使人们在其生存的所有部门，都能根据需要而方便地获得接受教育的机会。

6.2.1.2　国内学者的界定

终身教育本身并不是一个教育体系,而是建立一个教育体系的全面组织所依据的原则和指导方针,而这个原则又是贯穿在这个体系的每个部分的发展过程之中。

国内学者高志敏总结前哲的研究归纳出终身教育的含义,认为其主要表现在以下几个方面。

①终身教育是一种教育思想,是对现行教育制度的超越和升华,是一种饱含持续发展意识的高屋建瓴的教育,是一种旨在超百年传统学校教育之"凡",脱现行教育及其各种形式之间壁垒森严之"俗",实现教育的彻底变革以及勾画未来教育前景的创新思维和系统思考,是凌驾于现行教育之上的教育理念。

②终身教育思想是改革现行教育制度、构建未来教育体系的原则。现行教育制度改革势在必行,应当以终身教育思想为指导。正如保罗·朗格朗所言:终身教育是建立一个体系所依据的思想与原则,而且贯穿于这个体系每一部分的改革和发展之中,并不是单一的教育方式。

③教育贯穿人的发展的一生。人永远是一个"未完成"的动物,教育则是保障每个人一生发展的"精神食粮"。人生绝不能机械地被割裂成学习期和劳动期;而教育又绝不能人为地中断于人生的某个时期,相反,它必当关怀人的一生发展,体现它的永久性和终身性。

④人接受的教育覆盖人的发展各个方面。人的发展具有连续性和终身性的特征。人作为一个身体、情感、性别、社会及精神等的综合的存在,其发展具有多样性和多元化的特征。教育要纵向贯穿人的一生,从出生到死亡;横向覆盖人的身体、工作、家庭、社会关系等各个方面。所以教育必须关怀人的发展的全部需要,实现人的均衡发展。

⑤终身教育要求教育必须成为有效而便捷的一体化体系。意思是说,把原来相互割裂的各种教育以及各种教育因素、教育资源加以统合化、一体化,实现社会整个教育训练机构和渠道能够使人们在生活中可以根据需要方

便地获得学习和教育的机会。这几乎是所有终身教育倡导者的一种特别执着的追求。

⑥教育既作用于个人又作用于社会。教育一方面是为了促进个人的终身全面发展，另一方面是为了促进社会整体的持续发展和全面进步。也就是说，终身教育的最终目的是让个人能够得到全面发展和进步，个人或集团的生活水准得到提高，同时终身教育还要作为社会、政治过程中的一部分而存在，为社会的发展和进步服务。

终身教育的内涵在国内外众多学者的研究下越来越清晰。联合国教科文组织国际 21 世纪教育委员会的报告指出，应重新思考和扩大终身教育这一观点的内涵，一方面，要继续重视终身教育使人适应工作和职业变化的作用；另一方面，要重视终身教育在铸就人格、发展个性以及增强批判精神和行动能力方面的意义。

6.3　终身教育体系下的高职院校社会服务域

《国务院关于加快发展现代职业教育的决定》首次明确了高职院校的三大服务域，即培养服务区域发展的技术技能人才，重点服务企业特别是中小微企业的技术研发和产品升级，加强社区教育和终身学习服务。《中国教育现代化 2035》提出构建服务全民的终身学习体系，"强化职业学校和高等学校的继续教育与社会培训服务功能，开展多类型多形式的职工继续教育"。根据我国对高等职业院校在终身教育体系中的定位，结合格里芬提出的终身教育的四个维度，可以将我国高职院校对终身教育的服务划分为两种形态、四个服务域，两种形态即职前教育和职后教育，职前教育的服务域包括学校教育和校外教育，职后教育的服务域包括在校继续教育和校外职业培训（图 6-1）。

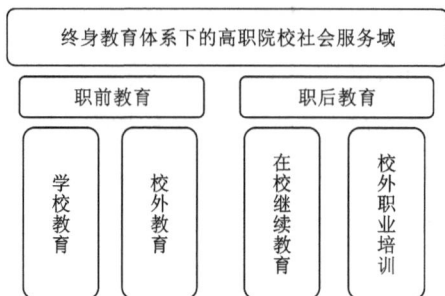

图 6-1　高职院校社会服务域

6.3.1　职业教育服务全民终身学习的优势

（1）职业教育可为全民终身学习提供教育场所。

职业教育是教育的重要形式之一，在构建服务全民终身教育体系中起着重要作用。职业教育的学习形式比较灵活，可以满足不同个体个性化的学习需求。更重要的是，职业教育可为终身教育提供良好的教育场所，帮助人民群众选择适合自己的终身教育形式，提高受教育者的职业技能。

（2）职业教育灵活的办学方式为终身学习提供了保障。

终身学习需要灵活的教育，职业教育正好能满足这个要求。随着我国经济社会的快速发展，各行各业都要求职工加强在职学习，不断接受新事物、新观念。职业教育可为全民提供灵活多样的教育形式，如学历教育和非学历教育、长期教育和短期教育、职前教育和职后教育等。创新的、差异化的教育形式为人们接受终身教育提供了便利，满足了人们的个性化学习需求。

（3）职业教育的办学理念符合终身学习的需求。

改革开放以来，我国创造出经济快速发展的奇迹，各行各业的岗位分工越来越细化，对从业者的职业能力和职业素养提出了更高的要求。职业教育有明确的人才培养目标，可以培养大量的综合素质较高的人才，对于提升终身学习者的综合素质有着得天独厚的优势。

6.3.2　职业教育服务全民终身学习的路径

职业教育要想更好地服务全民终身学习，必须考虑地方经济发展的实际需求，按照职业教育特点，深化教育改革，创新教育形式，打造开放、灵活、多元的职业教育办学体系，引导人们树立终身学习的理念。

(1)加大投入，扩大职业教育服务范围。

职业教育是教育的重要组成部分，政府要加大对职业教育的投入，着力扩大职业教育的服务范围。一是在国家层面上完善职业教育体制机制，构建学历和非学历资质认证机制。二是在资金方面加大投入力度，增加职业教育基础设施投入，在政策和资源上向职业教育倾斜，让职业教育更好地为终身教育服务。三是加强职业培训资源开发，为人们提供多种培训机会，扩大职业教育培训范围和服务范围。

(2)加强教师队伍建设，提高教师队伍素质。

教师队伍素质和能力在很大程度上决定着职业教育质量。职业教育需要建设一支专业知识过硬、专业技能强、综合素质高的教师队伍，以提高服务终身教育的能力。一是引进高层次人才，满足职业教育对新型技术技能型人才培养的需求。二是加强对教师队伍的培训，满足教师对新技术、新知识的学习需求，提高教师队伍的专业能力。

(3)调整专业结构，提高职业教育服务有效性。

高职院校要根据自身和当地经济社会对人才的需求，灵活调整专业设置和人才培养目标，以满足职业岗位的需求。高职院校要以专业为抓手，以社会岗位需求为目标，制定人才培养方案，提升自身办学能力和办学水平，增强职业教育服务能力。职业教育要根据社会需求和经济发展方向，适时增设新技术专业，为有需求的企事业单位培养新型技术技能人才。

(4)注重正规职业教育和非正规职业教育的结合。

在终身教育理念下，要强化正规职业教育和非正规职业教育的结合，进而实现学历教育和非学历教育之间的转换。人们不愿接受非正规职业教育的原因之一，就是非正规职业教育一直不被社会认可。职业教育要想更好地服务全民终身学习，不仅要完善职业教育体系，还要强化职业教育和非职业教育的结合，进而实现学历教育和非学历教育的结合。同时应将非正规职业教育与非正式教育结合起来，保证受教育者在职业教育中实现各自的发展目标。

（5）构建灵活多样的职业教育形式。

终身教育保障人们在需要学习时，能以适合自己的教育形式接受相应的教育。随着社会的不断发展，人们需要不断学习，以提升适应社会的能力。职业教育是人们获取知识的良好途径。为满足全民对终身教育的需求，职业教育要探索多种载体的教育模式，如通过电视、广播、报纸和网络等开展学习。尤其是网络学习，当下很受欢迎。学习者可以自主选择所需的知识和技能进行学习，在掌握知识的同时，还可以提高自主学习能力。

（6）构建终身学习职业教育集团。

职业教育集团是为实现资源共享、优势互补而组织起来的职业教育集团化办学团体。职业教育集团化办学模式，在服务全民终身学习中起着重要作用。职业教育集团可以推进职业教育服务全民终身学习体系的构建。职业教育集团的建设，要体现"人人皆学、处处能学、时时可学"的目标。通过职业教育、社区教育、老年教育等学习平台建设，实现终身学习、主动学习和教育资源共享。职业教育集团全面提升综合服务能力，面向广大基层群体，广泛开展职业教育和培训。

（7）提高职业教育学历层次。

《国家职业教育改革实施方案》提出，要开展本科层次职业教育试点，提高职业教育层次和水平，完善高层次应用型人才培养体系。一是要推动有条件的本科高校向应用型高校转变。一些普通本科高校要按照"学科为体、专业为用"的思路，实施人才培养供给侧结构性改革，完善专业建设和课程体系，推动人才培养体系建设由学科导向转变为需求导向，逐步转向应用型高校。二是加大对本科层次职业教育的投入力度。国家应在各方面大力支持本科层次职业教育，如在经费投入、师资队伍建设和基础设施建设等方面给予政策和资源上的支持，从而加快推进本科层次职业教育建设。随着我国经济社会的高质量发展，社会分工对不同职业岗位提出了多样化的新需求，对劳动者的能力和综合素质有了更高的期待。这就要求职业教育融入终身教育理念，与终身教育有机结合，不断满足全民对终身教育的需求，从而为经济社会可持续发展培养更多的高素质劳动者和技术技能人才。

6.4　中小学生职业启蒙教育服务

职业启蒙教育作为职业生涯教育的初级阶段，是以青少年的成长环境为载体，在基础教育阶段通过课程教学和实践活动等不同形式，帮助青少年建立初步职业认知和态度、掌握基本职业知识与技能、形成初步职业理想与价值观的教育活动，旨在促进青少年对自我、职业及二者关系的认知发展，并根据职业认知及自身兴趣条件对未来职业生涯进行思考和规划。开展职业启蒙教育，可以实现职业教育与中小学教育资源、信息和行动的互通与共享，推动深化普职融通、普职联动、共同育人。职业院校借助中小学这一广阔平台推广职业教育，使中小学生在职业院校能通过职业体验感受学校外显或蕴含的职业文化，感受职业文化的魅力，从而促进优秀职业文化的传播和技能的继承，有助于改善职业教育的社会认知。

6.4.1　我国职业启蒙教育的现状

现阶段我国十分重视教育事业的发展，并在各个方面都取得了一定的成就，但是我国对技术教育的重视程度仍旧有待提高，职业启蒙教育成为我国教育事业的一大盲点。学生在经历了 12 年的教育后虽然掌握了大量的理论知识，但是关于自己的职业规划并不成熟，许多学生在高考后填报志愿时容易产生困惑，没有一个实际的目标和理想。一部分学生会被市场中的一些"热门选项"冲昏头脑，一味追求名牌高校的热门专业，却丝毫没有考虑这项专业是否适合自己的实际情况，与自己的兴趣是否相投，等真正进入大学生活后，才发现自己选择的专业与自己的兴趣爱好和发展目标并不相符，从而失去了将兴趣与职业相结合的机会。还有些学生在填报志愿时才进行职业规划，但在过去的学习中所掌握的知识和技能却不能满足自己所规划的职业的需求，学科选择与理想中的专业不相对应，或者放弃了相关技能的学习等，这些条件极大程度地限制了学生的发展，成为学生实现理想道路上的一大障碍。此外，受到应试教育思想的影响，一些学校将智育作为评价学生的极重要的标准，注重考试的卷面成绩，从而忽视了学生德、体、美、劳方面的发展，使得教育的本质意义受到了严重的影响。调查显示，大部分九年级学生没有明确的职业意向及相关兴趣，这种情况一直持续到高中阶段。在高考志愿填报阶段，仍有七成以上的学生对所要报考的专业没有足够的认知，导致学生在填报专业时没有主见，在家长和教师的建议下选择了发展前景较好的高薪热门专业，而在大学的学习过程中却感到了迷茫与困惑，甚至对自己的专业感到失望。这种现象的存在非常不利于学生的发展，不仅不利于学生学习兴趣和自主学习习惯的培养，而且不利于学生毕业后的职业选择。因此，从中小学阶段抓起，将实施职业启蒙教育列入我国教育事业的名录势在必行。

6.4.2 职业院校与中小学合作开展职业启蒙教育的现状

近年来，国家陆续出台相关政策，不断推动职业院校与中小学合作开展职业启蒙教育。全国多地积极响应国家号召，探索了形式多样的职业启蒙教育实践。首先，职业院校通过"请进来、走出去"等方式开放其职业教育资源，通过资源共享的方式承担起中小学生职业启蒙教育的责任，并形成了一系列可供借鉴的职业院校与中小学合作开展职业启蒙教育的模式。在国内较早重视职业教育与普通教育合作的江苏省常州市，其职业院校根据与中小学合作探索职业体验活动的经验，已建立了一批理念先进、设施一流的通用技术实践基地，开设 20 余门职业体验课程，并通过举办"惠民办学"主题教育，组织中小学生走进职业院校进行免费体验。除了"请进来"这种方式外，部分职业院校还通过"走出去"的方式，与中小学合作开展职业启蒙教育的实践探索。广东省佛山市的盐步职业技术学校专门成立中小学职业启蒙教育基地，不仅向公众全部开放校内的实训基地、创客空间等，还为中小学生提供"打包上门，一步到位"的服务。在广西壮族自治区北海市，职业院校一方面定期举办职业教育宣传周，通过开放校园，为中小学生、家长及社区群众提供职业体验，展示职业教育成果和校园文化；另一方面同步开展"大国工匠进校园""劳模进校园""优秀职校生校园分享"等活动，让中小学生在校园内也能体会到职业的魅力。其次，不少职业院校与中小学已跳出"双主体"合作的固化思维，动员企业合作开展职业启蒙教育的活动，通过多方合作切实推进职业启蒙教育。例如在浙江省杭州市，西湖职业高级中学早在 2017 年就与杭州老底子文化创意有限公司合作，成立木工学院，如今该学院不仅在职校生中培养了一群"小鲁班"，还免费对中小学生开放。中小学生可以利用周末，从零基础开始体验木艺创作，在动手实践中感受设计、造物的乐趣。最后，一些有条件的地区专门成立合作开展职业启蒙教育的组织或机构，并作为推进区域内合作开展职业启蒙教育的重要载体，这也是从职业启蒙教育的开展、人才培养等层面较深入地、具有实质性意义地推进职业院校与中小学合作的一种重要形式。例如，在北京市东城区由市政府主持成立青少年教育学院，联合职业教育学校、普通教育学校建立多主体协同的区域职业启蒙教育服务组织，面向社会开展职业启蒙教育，形成"学院管理，平台推进，职普双侧互动"的运行机制。青少年教育学院发布管理课程，职业院校负责开发实施课程，中小学负责将职业启蒙课程纳入学校课程体系，通过课程管理平台实现供、需、管三级联动、互助共赢。从国家提出鼓励职业院校与中小学合作开展职业启蒙教育至今，全国多地合作开展职业启蒙教育的探索和举措源源不断。从职业院校和中小学双方合作发展到职业院校开放自己的企业资源进行"职业院校—中小学—企业"三方的协商合作，再到部分地方政府专门成立区域内的职业启蒙教育服务组织，参与职业启蒙教育的主体不断多元化，职业启蒙教育的内容和形式也越来越丰富多样。可以说，我国职业院校和中小学在合作开展职业启蒙教育方面已经进行了创新性的探索和实践，也积累了一些可供借鉴的经验。湖南铁道职业技术学院服务当地小学，开展小学生职业启蒙与科普教育活动，开启了职业启蒙教育实践的尝试。学校官网对此做了题为《九方小学在我校开展"职业启蒙与科普教育活动"》的新闻报道(图6-2)。

图6-2　九方小学在湖南铁道职业技术学院开展"职业启蒙与科普教育活动"

6.4.3　职业院校与中小学合作开展职业启蒙教育的现实困境

如前文所述,尽管职业院校与中小学合作开展职业启蒙教育的顶层设计已具雏形,不少地区双方的合作尝试也进行得如火如荼,但就全国整体而言,实践中仍面临诸多困境。

(1)合作内生动力不足,合作双方的自身利益诉求难以获得满足。

合作的内生动力是指存在于合作系统内部各主体合作产生的内驱力。这种内驱力源于个体内部的需要,指向需要完成任务的自身。职业院校与中小学合作的内生动力不足，意指在职业院校联合中小学开展职业启蒙教育的过程中，源自合作主体的双方——职业院校和中小学内部的动力不足或缺失，合作往往是在外在力量推动下进行的，主要表现为双方合作往往是对政策的一种被动回应。具体而言，尽管目前部分地区的职业院校和中小学进行了合作开展职业启蒙教育的初步探索，但活动开展的时间大部分是在2019年5月份前后。换言之，这些活动多是在《国家职业教育改革实施方案》发布之后地方为配合每年举办的"全国职业教育活动周"而进行的，并且这些合作开展职业启蒙教育活动的职业院校与中小学也多由当地政府牵线搭桥，真正自发性的合作相对较少。也就是说，目前推动职业院校联合中小学开展职业启蒙教育的动力并不是源于合作系统内部，而是来自系统外部的推动力量。从行为主义学派的观点来看，由外在动机的激发而产生的行为容易出现一种较为功利主义的目的，较之由内部动机产生的行为，它的稳定性和获得感都较差，一旦外部刺激消失，它所激发出来的行为也会反弹回原有的水平。因而，若要职业院校与中小学长期稳定地合作，就必须激发双方合作的内生动力，满足双方的利益需要。然而，在厘清双方的利益需求后，不难发现双方在合作的过程中，自身诉求难以得到满足。中小学希望通过与职业院校合作开展职业启蒙教育来实现中小学生的全面发展这一目标，弥补自身缺乏职业教育实训场地和相关背景知识的不足，这就要求职业院校必须尽可能地向中小学开放它们所不具备的职业教育资源。

中小学作为普通教育的承担者，主要以升学教育为目标。尽管随着时代的发展，技术技能人才缺口的日益扩大，中小学也逐步意识到职业启蒙教育的重要性，但学校升学导向的本质没有变，"学而优则仕"的传统观念也没有变，因而中小学可能还希望与职业院校的合作能够快速高效，为自己节省出较多的教学时间。职业院校则希望通过与中小学合作开展职业启蒙教育来获得上级政府或教育主管部门的政策支持、财政投入，以及家长和学生的认同与选择。根据亚当·斯密"理性经济人"的理论，人们均想采取最优策略，以最小代价取得最大收益。在双方合作开展职业启蒙教育的具体实践中，职业院校扮演的是付出更多的一方，但政府的财政补贴难以保障，社会的认同更需要长期培养，一学期一到两次的合作难以实现自己的利益诉求，因而职业院校不愿意过多开放自己有限的教育资源供中小学生体验和使用，也就导致中小学全面开展素质教育的诉求难以实现。而对于大部分中小学校而言，一旦决定与职业院校展开深入、长期的合作往往费时费力，远远违背了自己的初衷。因此，明晰职业院校和中小学在合作开展职业启蒙教育过程中的利益诉求，规避双方的利益冲突，对可能发生的利益冲突进行适当调整，将是激发双方合作内生动力、实现双方合作开展职业启蒙教育的关键。

（2）相关政策不完善，双方缺乏统一的合作体系和保障制度。

我国 2008 年印发的《中等职业院校职业指导工作规定》第一次提出"鼓励有条件的学校面向社会开展职业生涯咨询服务和面向中小学生开展职业启蒙教育"。2019 年 1 月印发的《国家职业教育改革实施方案》则明确指出"鼓励中等职业学校联合中小学开展劳动和职业启蒙教育，将动手实践内容纳入中小学相关课程和学生综合素质评价"。尽管这十年间国家对发展职业启蒙教育日益重视，职业院校与中小学合作已成为我国未来开展职业启蒙教育的必然趋势，但政策文本中多使用"有条件""鼓励"等词，因此，从某种意义上说，上述政策尚不足以对职业院校与中小学的合作产生足够的约束力和规范性。从目前双方合作开展的情况来看，江苏、广东、北京等地率先取得较好进展，主要是由于这些地区本身的经济发展水平、职业教育水平和资源均优于全国平均水平。反观经济发展较为落后且自身职业教育资源相对不足的中西部地区，职业院校与中小学合作开展职业启蒙教育的实践则呈现出一种较为沉寂的状态。地方政府配套政策及实施政策的不完善在一定程度上导致我国职业院校联合中小学开展职业启蒙教育呈现出区域差异问题。

为实现职业院校与中小学合作开展职业启蒙教育，还需要有一个统一而有效的组织体系。就目前来看，职业院校和中小学双方缺乏统一的合作协调机制，保障制度尚未形成，无法高效协调职业启蒙教育资源以实现资源的快速流通和共享。职业院校和中小学合作开展职业启蒙教育的途径和方法多种多样，单从中小学选择到职业院校开展职业认知与体验活动这一方式来看，职业院校会向中小学师生开放部分校园场地与设施，并派遣专人对校园内的设施、教学场所等进行讲解，或是请学生在指定的教室观看实训操作纪录片，本质上不过是中小学生到职业院校走马观花地进行一次参观，双方并没有进行深度的校与校之间的合作。究其原因，主要由于中小学生年龄普遍偏小，缺乏相应的操作经验且自主活动性较大，若职业院校接收大批中小学师生进校学习体验，一方面很难对学生的行为进行把控，从而保障有限的教育资源不被浪费，另一方面势必干扰职业院校自身的教学秩序；而中小学校作为学生安全的直接负责人，校外活动势必加重自己的管理难度，因而中小学校方面也不愿要求过多的活动安排。仅从这一例中便可以看出，职业院校和中小学缺乏统一的合作管理组织和相应的保障体系，以致职业院校优势教育资源无法实现全面共享。

（3）合作频次较低，表象化问题日益凸显。

推进职业院校和中小学双方合作开展职业启蒙教育，必须建立长效合作机制，以确保双方的合作内容高质高量，不断增加深度。当前职业院校和中小学合作开展职业启蒙教育存在表象化问题。合作的表象化意指双方在合作的过程中仅停留于浅层次，许多活动内容交叉、重复甚至呈现一种无序的状态。开展职业启蒙教育的目的，一方面是要让中小学生从小树立正确的职业观，能够为未来的职业生涯做好准备，另一方面是要完善我国的职业教育体系。仅从前述职业院校和中小学合作开展职业启蒙教育的实践现状来看，尽管许多活动表面上热热闹闹，中小学生在这一过程中进行不同职业活动的观摩与体验，拓展了自己的职业兴趣，了解了部分职业信息，但仔细审视这些实践，发现真正能普及职业教育知识、为学生树立正确职业观、完善职业教育体系的实质性实践活动并不多见，也难以触及开展职业启蒙教育的最根本问题，这对合作开展职业启蒙教育的目标达成也是一种挑战。究其原因，一是从目前的情况来看，我国职业启蒙教育仍处于起步阶段，职业院校与中小学合作开展职业启蒙教育的实践很多借鉴于发达国家经验，而这些发达国家的成功往往是多年实践的累积并通过学校、社会、企业和家庭的共同协作才得以实现的，若仅凭职业院校和中小学单方面的努力势必难以奏效。例如前文中提到的西湖职业高级中学，尽管将与自己有合作的企业资源开放给中小学生进行体验学习，但与职业启蒙教育更为发达的英国比较来看，英国的每个社区都设有青少年实习培训中心，政府和企业为其提供实习岗位，学生在完成技能培训之后，可根据自己的能力和兴趣申请实习岗位，这些职业实习经验在大学申请和工作简历中都是被认可的。这样的模式在国内目前尚难以实现，也就解释了为何我国的中小学生在企业实践后仅仅只能获得一份不错的体验结果。二是当前职业院校联合中小学开展职业启蒙教育的探索多来自实践层面而缺乏理论方面的研究，使得职业启蒙教育课程建设缺少理论指导，职业院校在为中小学生安排课程时常常无法确立明确的课程目标，课程设置缺乏针对性，必然导致课程分散、不成体系，学生得到的都是零散的知识和认识。三是双方的合作往往局限于一学期一到两次的职业实践，在有限的时间内，教学目标不能充分落实。四是中小学缺乏相应的职业启蒙课程，中小学生的主要活动场地是在中小学校园内，如果中小学本身不能为学生长期提供职业启蒙教育的熏陶和环境条件，让学生在职业院校所获得的职业启蒙得到巩固，那么势必会让双方的合作成果不能得到巩固。

6.4.4　职业院校与中小学合作开展职业启蒙教育的推进路径

(1)构建合作共赢理念，满足合作双方利益诉求。

要改变职业院校与中小学合作开展职业启蒙教育内生动力不足这一困境，需要从整体上构建一种合作的理念和观念，因为理念是决定行动的先导。从这个意义上说，构建合作共赢理念是实现职业院校与中小学合作开展职业启蒙教育的重要前提。为谋求双方合作开展职业启蒙教育的长远利益，必须着力寻找双方合作的契合点，筑牢合作共赢的信念，共同应对开展职业启蒙教育过程中的重重障碍。地方政府特别是职业教育意识相对薄弱区域的地方政府要为职业启蒙教育的开展营造良好氛围，可充分利用电视、网络等媒体平台对职业启蒙教育进行宣传，并强调职业院校与中小学合作开展职业启蒙教育的重要性，为双方合作意识的树立营造良好的环境和氛围。地方政府还可利用自身的信息、资源、人员等优势，为地方职业院校和中小学双方积极地合作开展职业启蒙教育搭建平台。中小学要从学校层面确立明确的职业启蒙教育目标，明晰与职业院校联合开展职业启蒙教育的价值，树立大职业教育观。职业院校拥有优质的职业教育资源，有能力为开展职业启蒙教育提供物质保障，中小学职业启蒙教育改变的虽然是中小学生，影响的却是家长甚至全社会，这是职业教育战线长期以来想做而做不到的事情。特别是对于那些初中毕业的学生来说，他们已经具备了一定的职业意识并迫切需要一些职业认知，如果职业启蒙教育开展得当，那么他们对于职业教育将由过去的无奈接受转变为主动选择，由过去的被动应付转变为积极寻求，为保障职业院校的招生质量奠定良好的基础。因此，职业院校也应积极寻求合作，主动承担开发职业启蒙教育资源的责任，尽可能地为职业启蒙教育的开展创设更好的条件。在合作开展职业启蒙教育的过程中，双方既要牢固树立合作理念，也应从自身更深入地挖掘开展职业启蒙教育的可能性，通过双方密切配合与实质合作实现共赢。

(2)明晰合作双方的责权利，建立健全保障机制。

在职业院校和中小学合作开展职业启蒙教育的过程中，政府层面的政策设计及监督保障作用不可或缺，因此，各级政府的政策导向应着重引导职业院校和中小学树立利益共同体意识，通过政策设计与制度供给，推动区域内优质职业教育资源优化整合，进一步建立健全职业院校与中小学合作开展职业启蒙教育的体制机制，明确双方责权利，促进职业院校与中小学合作开展职业启蒙教育。首先，地方政府可通过政策设计与引导，清晰厘定合作双方的责权利，以加快推进双方实现资源共享、合作共赢，尽快形成科学高效的协同合作发展模式。例如，对双方的合作不再停留于鼓励性的文字上，而是出台相应的政策规定，明确与职业院校联合是中小学开展职业启蒙教育的必要条件，对合作开展职业启蒙教育的职业院校和中小学双方的责任和义务做出清晰的界定，以便双方能够更好地遵照执行。其次，地方政府可通过开展试点项目的方式，为职业院校与中小学合作开展职业启蒙教育树立示范典型。例如，成立专家小组，实地调研、综合评估各地职业院校办学能力和办学条件，选择一批职业院校作为试点，与中小学建立对口联系，开展职业启蒙教育，为更多职业院校与中小学合作发挥示范效应。最后，建立健全相关保障机制，切实保障中小学和职业院校双方的合法权益，加强对双方合作质量的监控和评估。例如，不同层级的政府可制定政策或拨付专项资金，对那些开放教育资源、与中小学合作开展职业启蒙教育的职业院校予以政策支持或资金补贴，同时还可通过专项资金或建立保险制度，为那些来职业院校开展学习的中小学师生购买相应的人身保险，保障师生的人身安全，解决中小学在校外开展职业启蒙教育实践的后顾之忧。国家层面还应考虑职业启蒙教育区域不均衡的问题，可采取适当的政策倾斜，加大对职业启蒙教育欠发达地区的专项资金投入或补贴，并着力构建区域之间信息交流的网络平台，便于不同区域之间开展交流及经验共享。

（3）积极构建职业启蒙教育的长效合作机制。

构建双方合作长效机制将有助于推进合作的持续健康发展：中小学只有与职业院校形成长期的合作伙伴关系，才能真正推进职业启蒙教育实施模式从传统的以教材与讲授为中心向以学生为主体、工学结合转变；双方也只有建立稳定而长期的合作，才能促进职业启蒙教育的持续与深入。职业院校与中小学合作需要有互利共赢的利益保障以及规范有序的约束制度，在此基础上，还必须建立资源共享机制及情感维系机制。资源共享机制要求合作双方必须最大限度地让有限的资源快速流通，并在任何一个合作环节均有双方主体的参与。首先，成立由职业院校和中小学教研专家共同参与的课程开发委员会，根据职业院校和中小学不同诉求和资源配置情况，制定职业启蒙教育课程培养目标，共同商议职业启蒙教育的开展模式、专业教学计划和课程实施方案。其次，中小学依托现有的学科体系，在不同的学科教学中渗透职业启蒙教育的要素，并根据不同年龄阶段学生的特点和实际需要，为他们提供不同的职业知识教育。再次，职业院校需要为中小学教师提供职业启蒙教育培训服务，同时可利用校企合作的人脉，牵头中小学校和企业建立紧密联系，让它们能够实地参与到企业岗位体验活动中。最后，从我国当前资源配置来看，职业院校作为职业教育的基地，拥有职业教育资源和企业合作资源，因此，特别需要职业院校提供多元化的课程以满足不同学生的需要，建立丰富的职业体验中心，打破学校之间的壁垒，为有需要的学生进行学业、生活、职业规划方面的指导，同时利用现代化信息手段打破区域壁垒，最大程度地为中小学生提供职业指导和服务，推动优质职业教育资源自由流动。情感机制的建立对维系职业院校和中小学双方的长期合作同样十分重要。在缺乏法律规定和政策优惠的条件下，推动职业院校与中小学合作的动力首先来自人的情感。构建情感机制，一要加强职业院校与中小学双方信息的交流和沟通，双方在充分了解的基础上才能更好地建立信任；二是合作双方的领导层要主动与对方交朋友，从上层率先建立起深厚的感情，从而带动学校整体与对方形成伙伴关系；三要在合作过程中时刻保持真诚的态度和情感的交流，双方在合作过程中要随时征求对方人员意见并诚恳接受，同时积极改进合作开展职业启蒙教育工作；四是注重合作过程之外的交往，双方合作项目的负责人应定期(特别是在教师节等特殊节日)举办一些联谊活动，增进彼此的友谊，让合作双方切实地感受到大家是一个整体。一旦职业院校与中小学的相关人员对彼此和所要合作的工作产生了感情，职业院校与中小学合作开展职业启蒙教育就有了稳固的基础，职业启蒙教育的开展也就容易落到实处。

6.5　企业员工职业培训

随着我国经济转型升级，供给侧结构性改革稳步推进，新产业新业态不断涌现，人才需求与供给、就业结构性矛盾突出，针对技术技能人才的职业培训问题受到国家的高度重视。为鼓励职业院校开展职业培训，国家陆续出台了一系列政策。《国家职业教育改革实施方案》中第七条明确提出"开展高质量职业培训"，要求"落实职业院校实施学历教育与培训并举的法定职责，按照育训结合、长短结合、内外结合的要求，面向在校学生和全体社会成员开展职业培训"。《国务院关于推行终身制职业技能培训制度的意见》明确指出，"职业技能培训是全面提升劳动者就业创业能力、缓解技能人才短缺的结构性矛盾、提高就业质量的根本举措"。《职业技能提升行动方案(2019—

2021年)》中明确提出"推动职业院校扩大培训规模"。职业院校应贯彻落实国家政策要求，主动服务国家重大战略，利用优越的政策环境，充分发挥职业院校教学资源优势，精准对接产业发展需求，不断提升职业培训质量，为社会提供更好的职业培训服务。伴随着我国经济供给侧结构性改革和产业结构的转型升级，为适应不断发展变化的经济形势，企业对高素质技能人才的需求越来越大，企业通过开展职业培训提高员工职业技能的需求更为迫切。为解决人才需求和培养的矛盾，近年来许多企业与职业院校合作开展职业培训，充分利用校企双方资源优势，畅通校企双向培养高素质技能人才的渠道，开展个性化、定制化职业培训，从素质、知识、能力等方面构建人才定制培养模式，着力培养满足社会需求的高素质技能人才。

6.5.1 职业院校开展社会职业技能培训的必要性

(1)开展职业技能培训是我国经济社会发展的客观要求。

高职院校是实施高等职业教育的主阵地。职业院校要以区域经济建设为己任，为当地社会经济发展培养高质量的职业和技术人才，提升教学质量，满足区域服务需求。

(2)开展社会职业技能培训是职业院校履行社会责任的必然要求。

职业技能培训是深化产教融合、校企合作的重要抓手，是职业院校自身发展的必然要求。高职院校与普通本科院校不同，主要表现在培养目标和类型不同上，为社会培养人才的方式、方法也有所区别。普通本科院校侧重于学历教育，以基本理论的学习和研究为主，重点培养国家需要的综合性人才。高职院校技术性比较强，更注重应用能力的培养。高职院校通过开展职业技能培训，服务区域经济，促进社会经济发展，促进劳动力就业。

(3)开展社会职业技能培训是推进"双高"建设的需要。

中国特色高水平高职学校和专业建设计划(简称"双高计划")作为推进中国教育现代化的重要决策，已经写入《国家职业教育改革实施方案》。《教育部、财政部关于实施中国特色高水平高职学校和专业建设计划的意见》也正式发布。"双高计划"肩负着引领我国职业教育高质量发展、实现现代化的重要使命，必将对我国高等职业教育的发展产生重大积极作用，从而引领我国现阶段职业教育体系建设和改革。如何在"双高计划"建设进程中完成高职院校职业技能培训任务，是高职院校必须回答好的重大课题。社会服务功能是高等职业院校三大功能之一，是高等职业教育的重要职责。职业技能培训是职业教育的重要组成部分，为社会发展提供智力支持和人才保障，助力经济高质量发展，改善人民生活状况，帮助农村剩余劳动力和城乡未就业人员就业，促进美丽乡村建设，已成为当今高职院校的应然之态，也是衡量高职院校"双高计划"建设成效的重要标准和抓手。整合高职院校培训资源，探索高职教育培训发展规律，能为中国特色社会主义市场经济的可持续发展提供人才支持，也能为高职教育的人才培养创新提供发展思路。"双高计划"背景下，高职院校专业建设要大力促进产业升级，服务区域经济，实现专业建设与区域经济、学历教育与职业技能培训互利共赢、共同发展。高等学历证书是为学生在校完成规定的学习内容所颁发的文凭。学历证书强调的是育人、成长、成才，夯实学生未来可持续发展的基础。职业技能等级证书强调的是直接从事某一职业和岗位工作所需要的新知识和新技能，与当前工作活动联系密切。面对科学技术快速发展，产业装备不断更新换代，社会人员需要不断培训、终身学习。高职院校实施育、训结合是中国特色职业教育发展模式的集中体现，也是体现中国特色高水平高职教育立德树人的根本特征。"双高计划"要求高职院校多承担培训任务，非学历培训人次达到全日制在校生数的 2 倍。为实现《中国教育现代化 2035》中的目标，"双高计划"将开展"学历证书+若干职业技能等级证书"制度（简称"1+X"）作为一项重要建设任务。这对于促进中国特色高职教育与职业技能培训有机结合，完善职业学历教育和职业技能培训发展模式有重大意义。

6.5.2　职业院校职业培训工作存在的问题

（1）办学积极性不强。

针对职业技能的培训工作，职业院校呈现出一定的消极性，表现为培训职能部门的不积极以及教师群体的忽视。究其原因，可概括为以下几点：一是培训工作不同于其他常规的教学活动，其往往是利用周末时间开展，这就意味着培训工作人员除了工作日，在非工作日也要展开工作，这无形中加重了工作压力，再加上没有明确的调休与奖励制度，使得培训工作人员失去了开展培训工作的积极性，培训工作的创新发展更无从谈起。二是教师绩效工资分配制度不完善。2006年实施岗位绩效工资制度以来，职业院校也陆续进行绩效工资改革，使得原来可单独发放的各种劳务费全部纳入绩效范畴。由于绩效总量的限制，所得到的各类劳务费就很少了。在完成基本工作量的情况下，影响其收入差距的因素主要有职称、科研成果等，其中职称是拉开收入的最主要因素，而评聘职称时，科研成果是极其重要的条件。因此，在开展培训课程只算工作量的情况下，教学系部领导、经办人员常以授课、科研任务重为由，不愿承担培训工作。

（2）培训规范性缺失。

目前，我国高职院校职业技能培训常出现以证书为中心的运行机制，即培训的课程、教材、教师、教学形式等的选择均以获得证书为前提，无统一的参照标准。当培训以获得职业资格证书为目的时，培训主要围绕考核鉴定机构所要考核和评价的项目展开，考核的标准来自国家职业（技能）标准，忽视了地方人才需求的差异性。当培训仅以获得结业证明为目的时，由于结业证书的发证机构为培训单位，标准的制定无从考究，由此带来的影响是培训单位在制订培训计划时随意性较大，在落实培训计划的过程中，培训管理者、教师、学生极易出现懈怠的情绪，使许多的培训项目仅以课程讲授结束为终极目标，培训质量无法得到保证。

（3）竞争力不足。

目前，在培训市场上，高职院校竞争力尚未形成，固有优势却逐渐消失。高职院校职业技能培训的竞争力很大程度上依赖于学校的优势资源，如优质的师资、系统的课程、功能齐备的实训基地、为行业所接受的技术服务平台等。近年来，随着一系列政府文件的出台，职业教育被提到一个新的高度，绝大部分高职院校已经走在深化改革的道路上，但相关的资源建设仍处在初级阶段，教师的实践经验不足，培训课程体系并不完善，技术服务平台缺少社会影响力，真正的竞争力尚未形成。在过去很长的一段时间内，行业扶持成为高职院校开展职业技能培训工作的重要因素，但随着相关高职院校与主办部门脱钩，这种扶持基本不复存在。同时，职业技能鉴定作为高职院校发展校内、校外职业技能培训工作的关键因素，2013—2016 年，为建立更科学的职业资格体系，国务院先后七次共取消 434 项职业资格许可和认定事项。这在一定时期、一定程度上影响了高职院校培训工作的开展。

6.5.3 促进职业院校开展职业技能培训工作的对策建议

(1)重视职业技能培训工作，完善绩效工资制度。

职业院校开展职业技能培训工作是其完成社会服务的一项重要指标，同时也是有效促进产教融合的一个重要途径。创新发展职业技能培训工作，教职工的积极性是关键。科学的奖励机制、完善的工资制度是调动积极性的催化剂。首先，将参加职业技能培训工作作为教职工考核评价和职称晋升的一项依据；其次，职业技能培训课程系数按照高于普通全日制课程系数计算其工作量，或者制订相关奖励机制，将职业技能培训打包成一个个项目，根据其完成的深度以及广度，按照培训收入的一定百分比作为项目奖励资金奖励给项目负责团队。

(2)激活职业技能培训工作运行机制，盘活校内培训资源。

改变仅由继续教育学院(或培训中心)主导的职业技能培训工作的运行模式，发挥各系部的创造力。根据不同的培训模式选择责任单位，如将订单式和项目式的培训划转给对应系部，而常规式和集团化的培训由继续教育学院(或培训中心)负责。同时，继续教育学院(或培训中心)应成立市场调研小组负责市场需求信息、目标群体信息及反馈信息的收集，以便开发符合市场需求的培训项目。

(3)改善培训师资队伍结构，加强教师队伍建设。

改变以校内教师为主的培训师资队伍结构，规划由一线职工、行业专家、校内"双师型"教师组成的培训师资库。丰富"双师型"教师内涵，"双师型"教师不再局限于具备某一职业技术职务或参加过企业实践的教育教学工作人员,而是具备其他职业能力的教育教学工作人员。学校应联合行业协会、区域内相关企业成立教师发展委员会,负责制定职业考核标准、"双师型"教师培养方案,不断地跟踪"双师型"教师的发展,适时地给予考核、培训。

(4)大力度建设技术服务平台,拓宽职业技能继续培训市场。

一个获得权威机构认证、政府机关授权的针对某一职业的继续培训是高职院校获取稳定培训项目及培训学员的重要途径之一。一般情况下,获取认证授权的方式有两种:一是高职院校通过长期的教学创新、改革,举行多次校内、校外培训,获得行业的认可,在社会上有较高的声誉;二是高职院校利用自身的人员、设备、科研平台,建立对外服务的技术平台,如质量检测中心等,同时该技术平台在一定区域内获得业界的统一认可。基于此,可向有关部门申请赋予其相关职业的继续培训资格。这两种方式都要求高职院校加大对人员、设备的投入,从不同层面发挥其社会服务功能。

6.6 职业院校教师培训(以湖南铁道职业技术学院为例)

湖南铁道职业技术学院在 2022—2023 年开展师资培训、企业员工培训、政府补贴培训、海外员工培训等各类培训项目 121 个,培训各类人员 2.67 万人次,完成了 10.8 万人日的培训量,实现培训收入到账近 2000 万元;承办教育部、湖南省教育厅主办的国家级、省级师资培训及其他院校、行业协会委托的师资培训项目 44 个,培训国内职业院校教师 2600 余人次。学校依托"双高校"建设,承担社会责任,积极为经济欠发达县市及偏远地区职业院校开展免费送培到校、精准培训,帮助职业院校教师实现教学能力提升,共送培学校 16 所,培训教师 500 余人次,受到送培学校热烈欢迎。为中车株洲电力机车有限公司、中国铁路广州局集团有限公司、中国铁建股份有限公司等10 余家企业开展企业中高层管理人员培训、"1+X"证书培训、现场工程师培训、员工岗前培训、班组长培训、员工职业技能培训、竞赛选手、管理人员培训等项目 35 个，培训企业员工 5551 人次。承办人社部门政府补贴性培训 20 个，培训各类人员 596 人次。开展海外培训，为尼日利亚留学生、中老铁路等开展国(境)外国际培训 160 人次。

6.6.1 基地承担培训的组织情况

6.6.1.1 培训管理制度和组织情况

(1)完善组织管理机构。

学校高度重视国培基地建设，把基地建设纳入学校"十四五"规划。成立了基地建设领导小组，由学校校长担任领导小组组长，由学校分管培训工作的副校长担任常务副组长，由分管教学、财务、后勤、资产的副校长担任副组长。基地建设办公室设在继续教育学院，由继续教育学院院长担任基地办公室主任，各相关二级部门负责人为小组成员，基地办公室配备 6 名专职人员，统筹安排培训计划与培训任务，负责基地日常运行相关工作等。相关二级部门配备专门领导具体负责培训工作。所有培训任务实行项目负责制。

(2)注重培训制度建设。

根据教育部和湖南省有关文件精神，制定了《湖南铁道职业技术学院培训项目管理办法》《湖南铁道职业技术学院培训项目经费管理办法》和项目负责人管理、学员管理、考勤及活动管理、培训师遴选试讲管理、培训教学研讨管理、培训学员对培训效果整体评估问卷调查管理、质量评价改进报告管理等相关规章制度。学校将培训工作纳入学校 ISO9000 管理体系，制订培训工作程序文件、作业文件、记录文件三级体系文件，形成了体系较为完善的管理制度体系。

(3)培训管理精细化。

学校借鉴企业全面质量管理理念，以学员为中心，实行闭环管理，持续改进培训工作，提高培训的服务水准，确保培训质量。构建了常规督导与集中督导相结合、内部监控与外部评价相结合、全过程监控和核心要素监控相结合的"两方式、三层级、四阶段、五环节"精细化质量监控体系。

两方式：常规督导和集中督导两种方式。常规督导是对每个培训项目的四阶段实施的督导；集中督导是对培训管理体系在一个时期内运行状况、年度培训计划执行等进行的监督或审核。集中督导分定期督导和追加督导两种，定期督导每年实施一次，追加督导是在培训体系发生重大变化或连续培训效果极差的情况下进行的。

三层级：实行学校、二级部门、项目组三级管理，分层管理、分层负责。继续教育学院代表学校负责培训基地的日常管理工作，负责培训工作的统筹协调、培训项目申报和任务落实、培训过程管理和质量控制等。各二级部门负责各部门培训项目的管理，如培训内容的确定、培训团队的组建、培训项目的过程管理等。项目组负责各培训项目的具体执行。

每个培训班实施项目负责制。培训实施主、辅讲师制度。每个培训班配备有培训主管、教学班主任、生活班主任、系统管理员，各岗位分工合作，保障培训班的管理和运行。由经验丰富的教师担任班主任工作，并严格按照《培训学员管理制度》进行班级管理，做好班级的考勤和生活保障，保证正常的教学秩序，从管理上保证培训的质量。通过将学员推选、自我推荐、教师推荐和班主任考核相结合，成立班委会，协助教师进行班级的管理，同时开展一系列有意义的班级活动，使班级从内到外都形成一个团结的整体，建立起和谐的学习氛围。实施学员日志填写、学员心得填写、需求反馈等过程控制措施，并开展定期培训效果反馈和培训后跟踪活动。

四阶段：确定培训需求阶段、设计和策划培训阶段、提供培训阶段、评价培训结果阶段等四个阶段。学校对这四个阶段进行督导和质量监控。

五环节：对影响项目培训质量的五个核心要素——培训课程的开发、师资规格及素质、硬件与软件资源、培训实施过程、培训质量是否符合总体培训目标需求进行监控。

6.6.1.2 培训专家团队组建情况

（1）通过有效整合企业、职业教育界、院校等各类资源，组建了跨界培训专家库。

建立了一支由技术能手、职教专家、行业企业技术人员及学校专业骨干教师组成的高水平培训专家库，共 120 余人。其中具有高级职称、高级职业资格的产业导师、技术大师、技术能手等共 40 余人，均来自轨道交通装备制造与运用行业龙头企业、智能制造专精特新"小巨人"企业、产教融合型企业。基地根据行业、产业升级和"双师型"教师队伍建设培养需要，动态调整培训专家库，确保稳定地参与培训工作。

培训专家库中聘请了姜大源、邢晖、李新发等职教专家共 5 人，在课程体系开发、师资队伍建设等方面具有丰富经验。

职业院校培训师团队 40 余人，其中"万人计划"教学名师 1 名，国家级职业教育教师教学创新团队 1 个，国家级专业教学团队 1 个，全国高校思想政治理论课教学能手 1 人，教育部课程思政教学名师 8 人，全国高校黄大年式教师团队成员 12 人，湖南省教学名师 2 人，湖南省优秀教师 2 人，湖南省专业教学团队 4 个，湖南省优秀教师 1 人，湖南省优秀教育工作者 1 人，湖南省徐特立教育奖获得者 1 人，湖南省技术能手 4 人，省级百优工匠 1 人，湖南省五一劳动奖章获得者 2 人，湖南省新世纪 121 人才工程人选 1 人。

（2）落实培训专家遴选和管理制度。

2022—2023 年，学校落实培训专家遴选和管理制度，根据培训项目需求，从专家库中合理选择培训师，组建了培训专家团队，其中来自企业的技术技能大师、工程技术人员 15 人；职业教育界专家 3 人，职业院校专业教师 16 人；企业高级管理人员 5 人，高级工程师以上 14 人，技师以上 10 人（省级以上技术技能大师 2 人）。

基地高度重视对培训师的培训，不定期选送培训师参加企业培训和其他培训。

6.6.1.3　培训前期需求调研情况

针对中高职教师培训需求，有针对性地采用培训前的问卷调查、培训中的座谈会、培训后的调研问卷方式进行培训需求的调研，根据调查结果，有针对性地进行培训项目的开发。教学能力提升等培训项目由校内组建项目组进行开发。

针对企业培训，基地依托职教集团培训合作委员会，与中车株洲电力机车有限公司、中车株洲电力机车研究所有限公司、中国铁路广州局集团有限公司等行业龙头企业紧密合作开展调研。例如教师企业顶岗实习等培训项目从需求分析、项目开发、课程设计、资源开发到培训实施、培训效果评价全部由校企共同完成。

6.6.1.4　培训方案落实情况

(1)规范开发流程。

首先，关注需求，科学规划。依据参培教师岗位胜任力提升需求情况，结合教育部和湖南省培训要求，制定培训课程开发计划。其次，依据程序，规范内容。参照学校 ISO9000 程序开发文件，实施课程开发，主要完成培训方案、培训课程标准、授课计划等教学文件的开发。最后，遵循标准，严格评审。参照湖南铁道职业技术学院培训课程开发规范与评审标准组织专家团队进行课程评审。

(2)开发模块化、项目化培训课程。

针对中高职教师的培训，开发了教学能力模块、专业知识与技能训练模块、企业实践模块、职业素养模块等模块。

①教学能力模块。它包括使学员了解当前职业教育教学改革的思路、全面认识职业教育培养目标、重新认识职业教育专业学习的内容、建立工作过程系统化的课程、开发工学结合课程、开发职业教育的教学媒体、引入行动导向的教学方法以及适应教师工作任务变化和角色转变等内容。

②专业知识与技能训练模块。如数控专业聘请了中车株洲电机有限公司技能大师文照辉、中车株洲电力机车有限公司技能大师晏丙午等参与课程开发。从数控加工岗位角度对数控加工技术的发展方向、加工工艺、编程方面为学员作了全面介绍，开阔了学员的视野。

③企业实践模块。使学员了解企业的组织与管理、生产设备、工艺要求、质量标准、加工技能、岗位能力要求、绿色环保等要求。

④职业素养模块。让培训学员学会敬业、学会诚信、学会务实、学会表达、学会协作、学会主动、学会坚持、学会学习、学会自控、学会创新。

（3）创新培训方式，"教学做"合一。

创新任务导向培训模式。基地学习和借鉴德国、加拿大等国内外先进的培训教学理念和做法，按照"标准化培训、高强度训练、程序化管理"的思路设计培训与考核，打破了传统的教师培训模式。它基于任务导向，让培训学员带着任务参加培训，通过完成具体的专业建设、课程开发、基地建设、教学设计等相关任务提升培训教师的教学能力。培训以分组教学、现场教学、案例教学、项目教学、情景教学、模块化教学和工作过程导向教学为主，充分利用数字化培训资源和虚拟仿真、虚拟现实教学平台及场地设备，推广远程协作、实时互动、翻转课堂、移动学习等信息化教学模式，结合线上仿真、虚拟环境等教学，开展优质线上线下混合教学，真正实现在"做中教、做中学"，体现"教学做"合一。

2020年，紧缺专业技能传承培训项目中，安排学生赴江苏博众精工科技股份有限公司、中车株洲电机有限公司等企业，完成水果采摘机工作项目，每天跟岗实训。2022年，工业机器人技术教师访学研修培训项目中，聘请中车株洲电机有限公司等的技术人员、实际工作岗位的员工担任指导教师参与培训指导，完成激光雕刻机雕刻的"马到成功"作品，进行现场讲课。学校还聘请行业人力资源专家到校为学员开设职业素养专题讲座。持续优化培训内容，基地每个培训周期均召开培训负责人研讨会，推进培训项目负责人优化改革培训内容。确保所有培训内容均由行业企业岗位最新的产品、任务或项目呈现，重点培训完成某一任务所需的知识、技能和态度，产品、任务或项目的选择充分体现了专业核心能力和新知识、新技术、新工艺、新标准、新材料、新设备。

（4）培训考核评价方法。

为保证培训质量，基地严格按照教育部和湖南省相关文件要求，实施培训过程与考核管理，利用信息化等手段，对培训工作进行全程管理。考核分为平时考核和结业考核。平时考核主要考察学员的出勤、作业、课堂表现等。结业考核分为三部分：一是运用所学的教学理论和方法，完成一个专业课程体系的开发和一个教学单元的设计，并进行试讲或说课；二是撰写一篇3000字以上的培训总结；三是以学员作品为核心，由合作企业对学员实践情况和专业技能水平做出评定。在考核过程中对学员开发的课程体系和教学设计方案，进行分班试讲，各专业派出有丰富教学经验的教师对试讲进行指导，每位学员试讲后大家先讨论，之后教师给予点评，教师就学员试讲教学态度、教学内容、教学方法、教学规范、教学效果五方面的表现填写试讲评价表，并进行打分。同时各专业还根据学员课程学习、教案、试讲、企业实践、总结和平时考勤等综合评价，对每一位学员进行结业考核。

（5）优质培训资源建设情况。

校企合作共建实习实训基地。学校校内实训基地是中南五省唯一的国家高职高专先进制造技术学生实训基地，是中德师资培训国内基地，同时也是湖南省立项建设的职业教育省级重点实习实训基地、专业教师专业技能教学水平认证培训基地，获得国家级虚拟仿真实践基地立项。

学校与行业龙头企业共同牵头成立了湖南省轨道交通装备制造与运用职教集团[第一批全国示范性职教集团（联盟）]、机械行业高铁装备制造职业教育产教联盟、湖南省集成电路技术应用产教联盟等集团化办学平台。构建起以行业龙头企业为引领、专精特新"小巨人"企业为支撑，政、企、行、校共同参与、共生共荣的产教融合生态圈和基于高铁装备全生命周期的"校企命运共同体"。

学校联合中车株洲电力机车有限公司等行业龙头企业，以共建、共享、共用为基本原则，建成了涵盖轨道交通装备智能制造与运用主体产业、配套产业、支撑产业的区域共享型国内一流轨道交通装备智能制造与运用校内实践基地；整个实训基地基于云平台进行全过程、全要素、标准化、系统化智慧管理，实现了"教、产、研、训、用、创"六位一体功能，牵头单位拥有实训室140余间，共有工位5000余个，能容纳10000人开展实践教学。

学校推动轨道交通装备智能制造行业发展，通过企业捐建、校企共建、自主开发等多种形式，建成了机车车辆组装与调试车间、数字化智能制造车间、人工智能与控制技术实训中心、集成电路(核心零部件)制造与应用技术中心等真实职业环境的实训现场,提高了实训教学的现代科技含量,确保了技术水平。其中,与中车株洲电力机车研究所有限公司在校共建 900 平方米产教融合实训基地,企业投入"标动 250 牵引变流器""动集牵引变流器"等真实机车电子电气产品(价值 500 万元)设备;广铁集团准备投资 1 亿元建设产教融合实训基地。

学校在企业建有 7 个实习实训(培训)基地。广铁集团培训基地、中车株机机车事业部、中车株所时代电气制造中心、博众企业学院等,分布在湖南、广东、江苏等 3 个省,可接纳 3700 余名学生。具有行业产业领先的国家发展改革委立项的智能制造车间、精密数控机床等高端智能制造设备、国内领先的 IGBT 生产线、行业领先非标自动化技术生产车间等生产性实习实训设备,充分满足了电子信息技术应用、轨道交通设备装调、智能制造、智能控制、机械设计制造领域"双师型"教师先进技术与工艺等培训需要

建设优质师资培训数字化教学资源。学校牵头和参与应用电子技术专业等 9 个国家专业教学标准建设,开发了湖南省职业教育教师企业实践标准等各类标准。主动适应行业技术升级与管理变革,适应"1+X"试点、"模块化教学"等教学改革需求,融入课程思政、创新创业能力等培养内容,建成优质师资培训数字化教学资源库,持续赋能教师能力提升;学校牵头高铁综合维修技术专业国家实践教学条件标准建设、立项国家级虚拟仿真实践基地,建成了铁道机车、应用电子技术国家级专业教学资源库,建成了省级轨道交通智能控制等 2 个省级教学资源库,有国家精品课程 40 门、湖南省精品课程 27 门,还有大量的培训项目的培训资源等。

(6)培训成果和培训效果情况。

全面提升了参培专业教师的专业教学能力与实践能力。根据对所有参培学员的线上问卷调查,从提升明显的方面看,选择(可多选)人才培养理念、专业教学能力、专业实践能力、专业知识、专业技能、职业道德、职业素养的分别占 66.37%、69.28%、62.33%、57.40%、48.21%、33.52%、35.20%;从提升的程度看,选择"较大"和"很大"的比例分别是人才培养理

念占80.49%、专业教学能力占78.7%、专业实践能力占75.33%、专业知识占76.79%、专业技能占73.43%、课程建设与教学管理占76.35%。

全面推进了教育教学改革，提升了专业建设水平。根据对所有参培学员的线上问卷调查，在促进教研教改方面，认为改革程度"较大"和"很大"的比例分别是人才培养方案改革占68.61%、课程体系改革占66.93%、课程内容改革占72.98%、教学模式改革占78.81%、教学方法与手段改革占78.80%、实习实训改革占73.99%。参培专业教师在学校教学改革中发挥了主导作用，全面开展了专业教学改革，送培学校专业建设整体水平得到提升。

全面提高了教学效果，提高了教育教学质量。根据对所有参培学员的线上问卷调查，认为学员学习效果提高程度"较大"和"很大"的比例分别是学生学习兴趣占77.47%、学生专业技能占77.46%、专业理论知识掌握及应用占70.74%、职业素养占74.22%。

专业教师培训模式得到推广，取得了良好的社会反响。基地培训模式与效果得到了职业院校参培教师、院校领导、行业企业专家及湖南省教育主管部门高度评价。学员认为："虽然培训时间不长，但是带给我们的启发和经验，却是一笔永久的精神财富。"企业专家认为：用这种课程和模式进行培训，有效提升了专业教师对岗位能力要求的了解和对职业规范及企业文化的了解。

(7)培训后跟踪指导情况。

依托"双师型"教师培训线上平台，借助人工智能、物联网等技术，长期、实时跟踪学员训前、训中、训后情况与动态。所有参培学员返回单位后，基地各培训项目负责人分别通过微信群、网络和电话等多种方式与学员保持联系与交流，实时跟踪和了解学员的培训应用情况，收集学员培训应用成果，指导教学实施并持续提升，解决"做什么、怎么做、怎么做得更好"的问题。推动教师立足行业企业，开展科学研究，服务企业技术升级和产品研发。近几年来，培训学员能力提升明显，不少学员在教学团队建设、精品课程、教学能力比赛、科研与技术服务等方面取得了良好的成绩。

6.6.2　探索疫情下开展教师培训的方法

建设"双师型"教师培训专项平台，使其具有满足在线培训、过程记录与管理、交流指导等功能，由学校信息技术中心负责管理与运行。依托国家虚拟仿真实训基地项目，建设了湖南首个轨道交通"5G+VR/AR"实训云平台、"人工智能+虚拟学习环境"的智慧型教学场地、电子产品虚拟实训车间、集成电路制造虚拟仿真软件、智能测控电子产品虚拟实验系统、机器人职业启蒙体验馆、轨道交通装备数字博览馆等实训室 28 间（套），建成并升级改造了铁道机车、应用电子技术国家级专业教学资源库（建有专门培训资源包），有 12 门国家级精品共享资源课程、2 门国家精品在线开放课程、26 本国家级规划教材、27 门湖南省职业教育精品在线开放课程和一批在线培训资源。近几年来，各培训项目积极开展线上线下相结合的培训，形成了较完整的过程记录和一批满足线上学习需要的高质量数字化培训包，丰富了企业员工培训内容。

6.7　社区学院

党的十九届四中全会首次提出"构建服务全民终身学习的教育体系"，从政策高度保障全民享有终身学习的机会，也对承担社区教育重任的社区学院提出更高要求。《关于制定株洲市国民经济和社会发展第十四个五年规划和二〇三五年远景目标的建议》提出：株洲市二〇三五年远景目标是基本建成文化强市，全市域更高水平全国文明城市建设取得显著成效，市民素质和社会文化程度达到新高度，文化软实力、影响力显著增强。要繁荣发展社会主义文化，着力建设全域化更高水平全国文明城市，完善全民终身学习推进机制，建设学习型社会。《教育部、财政部关于实施中国特色高水平高职学校和专业建设计划的意见》（教职成〔2019〕5 号）明确提出，要提升服务发展水平，积极主动开展职工继续教育，拓展社区教育和终身学习服务。高职院校服务社区教育的使命进一步得以强化。中共中央办公厅、国务院办公厅印发的《加快推进教育现代化实施方案(2018—2022 年)》中也强调:加快发展社区教育、老年教育,深入推动学习型组织建设和学习型城市建设。

6.7.1 建立完善的合作机制与理念

高等职业教育与社区教育的联合发展,必须树立起创新理念,建立完善的合作机制,把发展社区高等职业教育作为提升社会管理内涵、促进社会治理创新的重要着力点。在二者融合的过程中,要建立起具有特色的新型高等职业教育模式与稳定的学校与社区合作机制,探索高等职业教育与社区教育协同组织,在社区与学校之间形成统一规划、及时交流、灵活调整的合作制度,促进高等职业教育与社区教育共同发展

6.7.2 整合教育资源

相对于社区教育来讲,高等职业教育拥有师资、设备、人才、信息等方面的资源优势,有专业的教师团队,可以为社区教育提供师资库。另外,高等职业教育拥有的图书馆、功能教室、运动场地等设施在节假日可以对社区进行免费开放,弥补社区教育设施的不足。高等职业教育与社区教育资源的有效整合,能够帮助社区教育得到更好的发展空间,学习高等职业教育的管理经验,实现社区教育的科学发展。在提升教育教学质量方面,通过资源共建机制的建立,借鉴高等职业教育成熟的教育经验与教学方法,能够激发社区正规教育课程资源的建设。职业院校在吸引大量社区优势资源的基础上,能够实现课程资源建设的社会化,提升教育教学质量,从而提升高等职业教育与社区教育的契合度。

6.7.3 将高等职业院校继续教育培训引进社区教育

为了使高等职业教育与社区教育联合发展,可以将职业技能培训引进到社区教育中,实施以提高职业技能为重点的继续教育培训,提升社区居民的就业能力。社区教育机构可以与企业合作,为社区失业人员提供再就业机

会。另外，可以将高等职业教育的创业培训引进到社区教育中，对社区中符合一定创业条件的人员开展创业基础知识及必备能力的培训，拓宽失业人员的从业道路。高等职业院校可以开展农村实用技术培训，满足新型职业农民的发展需求，帮助农民脱贫致富。

6.7.4　培育创新服务机制

当今社会的发展需要具有创新意识的复合型人才，所以要求对传统的教学理念与教学模式进行转变。在高等职业教育与社区教育的教育形态中，高等职业教育可以为社会经济发展输送专业化的技能人才，以此来弥补学历教育的不足。在市场需求不断增加的背景下，应结合行业及市场的需求来进行人才培养，提高高等职业教育的社会服务功能，不断创新人才培养体系，健全长效的发展机制，将高等职业教育与社区教育有效融合，对规章制度与工作制度进行完善，在实践中进行摸索，确保高等职业教育与社区教育融合的科学规范性。

6.7.5　湖南铁道职业技术学院在社区学院建设方面的具体做法

为发挥湖南铁道职业技术学院职业教育资源优势，服务地方经济社会发展，推进现代社区建设，推进学校和社区公共服务共享机制，根据国务院办公厅《关于深化产教融合的若干意见》、湖南省人民政府办公厅《关于深化产教融合的实施意见》、株洲经济开发区工作委员会《关于推进校地企产教融合、共建共享的若干意见》、湖南省和株洲市关于开展全民终身学习活动周等文件精神，湖南铁道职业技术学院于 2020 年 11 月与株洲市石峰区田心街道对接社区学院有关事宜，在街道办事处相关领导的支持下，于 2020 年12 月 15 日正式挂牌"田心社区学院"。2021 年 6 月，与学校新校区所在株洲市石峰区学林街道的文荟社区共建文荟社区学院。

在疫情期间，社区学院大规模的活动次数减少了，文荟社区学院的活动相对较少。下面重点汇报一下田心社区学院的建设情况。

田心社区学院地处田心轨道交通生态特色小镇。田心社区下辖 7 个社区，其中老田心有 5 个社区。学校老校区地处老田心，田心社区学院的建立为老田心的 5 个社区内近 8 万常住人口带来了福音。

6.7.5.1 社区学院建设指导思想

以习近平新时代中国特色社会主义思想为指导，贯彻落实党和国家职业教育发展方针，全面贯彻落实党的十九大、二十大精神，牢固树立创新、协调、绿色、开放、共享的发展理念，按照协调推进"四个全面"战略布局的要求，以促进全民终身学习、形成学习型社会为目标，以提高国民思想道德素质、科学文化素质、健康素质和职业技能为宗旨，整合学校各院系和社会各类教育资源，传播和弘扬社会主义核心价值观，传承中华优秀传统文化，推动社会治理与实践创新，促进居民形成科学文明的生活消费方式，努力实现高校服务社会的功能。

6.7.5.2 社区学院建设目标

田心社区学院以构建学习型社会发展为主，以基层创新良性互动为着力点，以繁荣社区教育、服务社区发展为己任，推动社区教育融入社会治理，不断丰富社区建设内容。配合湖南省及株洲市每年开展的全民终身学习活动周活动，全民智学，助力"双战双赢"。

6.7.5.3 社区学院建设路径

田心社区学院是开放型的社区教育场所，是田心街道社区居民的继续教育中心，是湖南铁道职业技术学院师生的社会实践中心，是学校和社区精神文明的共建中心。

田心社区学院精准对接社区需求，开展党建共建、公民素养、人文艺术、科学技术、职业技能、运动健身、智慧助老、健康讲座、道德讲堂、家电义务维修和预防电信诈骗等多种形式及多方面内容的教育活动，以满足田心街道社区居民日益增长的精神文化需求，智慧助老构建老年人终身学习通道，提升生活品质，增强居民的获得感和幸福感。

6.7.5.4　办学模式

田心社区学院由湖南铁道职业技术学院和田心街道社区共同建设。湖南铁道职业技术学院负责教学活动,田心街道社区负责提供场地及相关设施。所有教学培训实行免费,其费用由湖南铁道职业技术学院和相关单位负责。

6.7.5.5　组织机构

校长:由湖南铁道职业技术学院分管副校长担任。

副校长:田心街道分管领导、湖南铁道职院继续教育学院院长担任。

田心社区学院办公室设在田心街道办事处,教研室设在湖南铁道职业技术学院继续教育学院。

6.7.5.6　田心社区学院的十大行动计划

①公民意识培育行动。

②城市精神光大行动。

③优良品德倡导行动。

④公共文明实践行动。

⑤传统文化弘扬行动。

⑥技能水平提升行动。

⑦阳光少年自强行动。

⑧幸福能力提升行动。

⑨干部尚德养廉行动。

⑩和美环境营造行动。

6.7.5.7　田心社区学院的实施计划

①与社区党支部开展党建共建活动。

②田心社区老年人口密集,因此针对老年人的教育课程计划,要对接中

车株洲电机有限公司老年大学课程开设一些智慧助老课程，比如"老年养生""太极练习""书画鉴赏""隔代教育""时政热点""手机摄影""声乐初级""民乐初级""民族舞初级"等。

③利用社区学院平台，组织社区系列活动。例如开设社区道德讲堂，分享社区优秀人物故事，传递社区正能量；组织学生定期到社区开展志愿服务，关心关注社区内孤寡老人、低保户等，为社区居民提供义务维修、义演、家政及社区物资捐赠派发活动；特定节日协助社区开展系列活动，激发居民参与积极性，促进社区发展。

④为社区居民免费开放校内资源，例如开放图书馆、运动场等。

⑤建设特色鲜明、功能完善的社区未成年人活动阵地，促进青少年思想和心理健康成长。例如在周末或者寒暑假开展青少年特色兴趣班活动，利用学校资源开设信息技术培训、机器人课堂、机车模拟驾驶课堂、3D打印课堂等。

⑥开放校内实训基地，面向中小学生，通过实训场所职业体验、工坊职业感受开展职业启蒙教育；面向升学的中职学生和普职融通学生，开展基地职业训练、中高职衔接职业课程培训。

⑦湖南铁道职业技术学院每个二级学院分别对接田心街道的一个社区，组织开展各种形式的社区活动（包括志愿者活动等）。要求每个二级学院每年至少开展社区活动两次，每年召开一次座谈会，邀请社区居民代表及社区负责人参与，共同谋划，共建文明社区学院。

6.8　服务乡村振兴的实践

为贯彻落实教育部、湖南省人民政府《关于整省推进职业教育现代化服务"三高四新"战略的意见》精神，充分发挥职业院校人才优势和专业优势，有效服务湖南"三高四新"和乡村振兴战略，湖南铁道职业技术学院筹建"湖南职业院校教师发展帮扶联盟"，建立由湖南省教育厅全面统筹、中高职院校深度参与、校地紧密合作、校校对口帮扶的职业院校教师发展帮扶机制,实施优质职业院校教师发展对口帮扶计划,助力经济欠发达地区职业院校教师素质提升,助力经济欠发达地区产业发展和乡村振兴,促进职业院校教师全面可持续发展,激发教师潜能,提升教师教学、科研及社会服务能力,促进联盟各成员单位之间在信息交流、项目共建、资源共享、责任共担、协同创新等方面的深度合作,为优化和改善职业院校教师发展出谋划策,提供培训等服务。湖南铁道职业技术学院主要开展了下列工作。

①2018年至2021年,依托教育部、财政部及湖南省教育厅主办的"贫困县和偏远地区学校精准扶贫培训"国培项目,主动与湖南省宜章县、汝城县、凤凰县、新田县、永顺县、龙山县等20余个经济欠发达地区中高职院校联系对接,开展送培到校,精准培训,对受培学校教师从教学整体设计、课堂教学设计及信息化教学三个方面分模块进行培训。培训课程包括职业教育政策文件解读、课程设计的理念与思路、现有课程结构分析、教学设计与评价、说课的程序与技巧、课堂教学的语言艺术、信息化教学设计、微课教学资源的建设与应用、PPT的制作与美化等内容。

②建立"湖南职业院校教师发展帮扶联盟",已发动湖南省内45所中职学校、10所优质职业院校加入联盟,重点推动湖南省职业院校教师教学能力提升工程建设。目前已启动联盟相关工作。

③牵手中职学校,在全省范围内开展免费送培中职学校教学能力提升活动。各县级中职学校通过网上报名申请,提出免费送培具体要求,学校安排对应的校内培训专家,精心准备,直接到各中职学校现场开展免费培训讲座,重点针对中职教师教学能力提升、对标竞赛、精品课程建设等,培训反响强烈,效果非常明显。

④组建了专业指导团队,具体对接各中职学校,为中职学校提供专业设置、专业动态调整、专业人才培养模式改革等咨询和指导服务。

⑤组建了课程团队,根据各中职学校精品课程建设需求,为中职学校提供课程开发、课程资源建设、在线开放课程建设等服务,定期到校进行现场指导。

⑥组织校内近三年参加国家级、省级比赛并获得教学能力一等奖的教师组成培训师团队，具体指导各中职学校教师参加湖南省中职学校教师教学能力竞赛。（湖南职业教育帮扶联盟的相关资料见本书附录四。）

第七章

湖南铁道职业技术学院技术创新与社会服务的实践

　　本章将深入探讨湖南铁道职业技术学院在技术创新与社会服务领域所进行的实践和取得的成就。学院秉承跨界融合、创新发展的理念，打造科研与技术创新团队建设模式，进行校企融合"双师工作室"建设的实践，以及服务"一带一路"国家、助力企业实现"走出去"战略、对口帮扶中职院校，进行着社会服务的实战。

7.1　职业院校科研与技术创新团队建设模式"工作站+工作室+ 项目+技术"

湖南铁道职业技术学院紧密对接轨道交通产业集群，全面融入产业链，探索构建"工作站+工作室+项目+技术"职业院校科研与技术创新团队建设模式。通过培养与锻炼团队的创新研究能力与应用技术服务水平，培养一批优秀的创新型科研骨干，打造一批具有国际视野、结构合理、优势互补、有较强研究能力、学术研究特色明显、在国内有一定学术影响力的科研与技术创新团队。

7.1.1　实施背景

职业院校科研团队建设中普遍存在研究方向不集中、缺乏团队凝聚力和管理机制不够科学合理等问题。促进创新链、产业链、教育链和人才链有机衔接，共同培养复合型技术技能人才，是推进职业教育高质量发展的迫切要求。湖南铁道职业技术学院紧跟轨道交通装备制造产业全球化、智能化、绿色化的发展趋势，围绕轨道交通装备制造智能化流程制造、个性化定制生产、全生命周期管理、网络在线支持服务等重点技术领域和方向。自 2019 年以来，学校已立项建设 9 支具有鲜明特色和竞争优势的校级科研与技术创新团队，研究领域涉及轨道交通车网仿真、动车组智能运维技术、现代工业智能控制技术等方面，且围绕轨道交通装备制造与运用全产业链，有力地支撑了学校"双高计划"技术技能创新服务平台建设。

7.1.2　主要做法

打造科研与技术创新平台。充分利用科研平台集聚科研力量，实现学科交叉、资源共享；承担大项目，培育标志性成果，培养师生科学精神和创新意识；校企共建"中车科学家工作站""大师工作室""应用技术协同创新中心"等科研创新平台，并打造为具备课题申报、成果转化、技术咨询等功能的综合性创新平台。整合校内外研发力量，服务区域经济发展，强化成果转化能力。吸引企业资金投入，实现成果加速转化和产业化。依托"机械行业高铁装备制造职业教育产教联盟"，聚焦"学、研、训、产、用"，学校科研创新团队、生产性实训基地为湖南轨道交通产业提供研发、技术服务，以及生产配套产品，年产值达 1.2 亿元。（图 7-1、图 7-2）

7.1.2.1　加强立体化科研队伍建设

修订《科研与技术创新团队遴选与管理办法》，优化资源配置，构建"青年科研骨干、科研之星、科研团队"三层次队伍建设体系，培养教学型、科研型、科研教学型三类人员。学校重视发挥高层次人才示范引领作用，合作共建"中车科学家工作站"3 个、"技能（技术）大师工作室"9 个、"名师工作室"12 个，其中市级以上 8 个，构建了"工作站+工作室+项目+技术"的科研人才培养模式。在培养过程中，鼓励大胆探索、学术争鸣、学科交叉、跨界合作，营造人才成长的良好环境；跨域选拔、校企混编，增强团队协作意识，逐步形成团队合力，促进产出重大标志性科研成果。

7.1.2.2　探索教学与科研联结范式

坚持教学、科研协同发展，促进教学、科研共同发挥育人功能。通过专创融合课程建设，大力倡导将科研项目、科研活动引入教学过程，将科研方

图7-1　"陶艳名师工作室"获株洲市职业教育"双师"工作室授牌(左三为陶艳)

图7-2　科研团队骨干成员荣获湖南铁道职业技术学院"科研之星"荣誉称号

法转化为教学手段,将科研平台转化为教学条件,将科研成果转化为教学内容,将研究项目转化为教学案例,同时转化为创新创业项目。校企共同建立教学内容与产业技术革新联动更新机制,及时将新技术纳入教学内容,实现教学内容与行业企业技术同步发展,推动科研反哺教学。在教学过程中融入学生科研实践,引导学生在真实科研工作环境中开展研究性学习,培养学生的创新意识和能力。

7.1.2.3 实施科技创新能力提升工程

加大科技人才的引进和培养力度。学院选拔青年科研骨干教师进"科学家工作站""大师工作室"、进企业、下一线重点培养,与企业开展联合技术攻关,开展轨道交通装备"主特产品"技术创新。促进优秀科研人才的成长,培养造就一批青年科研骨干教师,组建学术梯队,支持教师参与项目研发与服务,逐步成长为"双师"骨干、大师名师。积极吸纳学生进入教师科研团队,担任科研助手,参与科研与技术创新工作。引导师生积极参与科技创新团队和科研训练活动,培养集体攻关、联合攻坚的团队精神和协作意识。

7.1.3 成果成效

7.1.3.1 科研与技术创新水平显著增强

近年来,学校高质量科研成果数量稳步增长,技术创新能力得到较大提升。2021 年,立项省级及以上课题 33 项(湖南省自然科学基金项目 7 项、湖南省教育科学规划课题 8 项、湖南省哲学社会科学基金项目 5 项、湖南省社会科学成果评审委员会课题 13 项),立项市厅级课题 117 项;学校各类市级以上纵向课题立项资助经费总额达 121.5 万元;授权国家专利 33 项(含天一公司专利 5 项、学生专利 1 项),其中发明专利 4 项,发明人均为科研创新团队骨干成员。

7.1.3.2　服务产业发展能力稳步提升

学校依托深厚的行业背景，区域优势明显，横向技术服务到账经费2022年达到107.4万元。其中，制造业、轨道交通、电子信息等行业相关的技术服务及产品，到账金额占总金额的69.1%，服务轨道交通装备制造行业的特色日益彰显。校企联合研发了机车门锁等一系列新型机车产品，部分产品随主机出口到哈萨克斯坦、乌兹别克斯坦等国家。为行业中小微企业提供技术工艺改造、革新咨询项目近90项，为企业创造利润400多万元。

7.1.3.3　中青年科研人才不断涌现

该模式实施以来，学校科研创新团队先后涌现出多位省级、国家级优秀人才。其中，团队负责人段树华教授入选湖南省2019年度芙蓉教学名师；唐亚平教授、段树华教授主持立项湖南省职业教育教师技艺技能传承创新平台；龚娟教授荣获湖南省第六届黄炎培职业教育"杰出教师"奖；"80后"年轻教授周少斌立项多个省市级课题，出版学术专著3部，获"株洲市第六届优秀青年社会科学专家"荣誉称号；唐亚平教授、段树华教授领衔的教师团队分别获得首批国家级职业教育教师教学创新团队立项，以及第二批"全国高校黄大年式教师团队"认定，有效发挥了省级示范引领作用。

7.1.4　经验总结

实践证明，"工作站+工作室+项目+技术"的科研与技术创新团队建设模式，是职业院校科研与技术创新团队建设模式的一种有益探索和创新，它有效破解了以往科研团队联系松散、参与合作意愿不强、合作难以持久等难题。其成功主要基于产学研协同创新的校企命运共同体。一是明确科研与技术创新主攻方向。以服务区域经济社会发展为引领，面向轨道交通装备制造与运用，立足行业发展与生产实践第一线，重点开展技术应用型科技创新活动。二是全面推进产学研合作协同育人机制。依托科研与技术创新平台促进"产学研"深度融合，实现校企资源的有效整合，教师通过课题的研究与成果的转化，把科研资源转化为人才培养资源，从而提高科研育人的针对性及效果。

7.2 跨界融合，"双师工作室"建设和运行的实践探索

高职院校的主要功能就是为地方经济发展培养技术技能人才，社会服务能力是高职院校持续发展和核心竞争力的重要体现。新时代国家赋予高职院校更大的使命和责任，高职院校应提高社会服务能力，助推区域经济发展。因此，湖南铁道职业技术学院的"骨干教师"与行业龙头企业的"技能大师"双元主体合作共建"双师双能工作室"。该工作室能够实现将技能实训、企业项目开发、竞赛培育、团队协调配合能力增强、"双师双能型"教师能力培养提高等相融合，这不仅能够充分激发校企双方的能动性，还能激发学生的学习兴趣，同时服务区域中小企业技术创新。

7.2.1 实施背景

近年来，学校深入贯彻落实《国家职业教育改革实施方案》关于推进高等职业教育高质量发展和多措并举打造"双师双能型"教师队伍的具体要求，主动对接企业，一方面积极聘请或引进技能大师、劳动模范，让技能大师在学校传授职业技能的同时传承工匠精神，参与职业教育改革创新；一方面将具有较为深厚专业理论水平和较为高超技能水平的专业带头人充实到企业一线，充分发挥教学科研人才在知识传授、科技攻关等方面的重要作用，推进校企密切合作、产教深度融合，促进地方产业升级发展，持续推进"双高校"建设。学校目前建成了文照辉等 9 个技能（技术）大师工作室、段树华等12 个职业教育名师工作室，其中，立项建设 3 个市级技能（技术）大师工作室、5 个市级职业教育名师工作室。

7.2.2 主要做法

7.2.2.1 加强组织保障，探究校企合作新思路

产教融合工作是推进学校人才培养的重要举措，是推动学校各项事业又好又快发展强有力的支撑，而"双师双能工作室"是产教融合工作的重要抓手。为更好地做好产教融合、校企合作工作，学校在机构设置、经费投入、队伍建设等方面给予了大力支持，为推动"双师双能工作室"提供了强有力的保障。

为促进"双师双能工作室"有序、优质、高效运行，学校制定了《湖南铁道职业技术学院校企合作管理办法》，成立了以党委书记和校长为组长的校企合作领导小组，负责指导学校产教融合、校企合作工作。学校制定了产教融合建设与发展规划，做好"双师双能工作室"建设工作的顶层设计。学校先后制定了《湖南铁道职业技术学院技能（技术）大师工作室管理办法》《湖南铁道职业技术学院职业教育名师工作室管理办法》，为立项的校技能（技术）大师工作室配套 2 万元工作经费，对校级考核优秀的"双师双能工作室"优先推荐申评市级认定，同时给予下一轮立项支持。（图 7-3）

图 7-3　文照辉技能大师工作室揭牌

学校与各二级学院不定期开展走访交流，定期召开产教融合工作专门会议。每学期技能技术大师团队为学校教师开展专项技术辅导，为学生开展专题讲座，并指导团队成员开展技术创新与技术服务；名师团队带领优秀学生为企业开展专项技术攻关、开发产品，带领团队教师将新技术融入专业教学内容，共同开发教学资源，共同推进专业建设与发展。每年召开座谈会及时总结经验，破解难题，谋划发展。

7.2.2.2 创新管理，形成校、院、系三级联动新格局

形成三级管理推进架构，即形成学校－企业、二级学院－企业部门、系－大师的技术技能大师(名师)工作室衔接架构，做到顶层系统规划、指明方向、提供支持，中层整体推进、科学计划、督促成效，基层团队运作、具体衔接、个性成长。(图 7-4)

图 7-4 "双师双能工作室"召开例会

学校产教融合中心负责统筹全校产教融合工作，组织协调"双师双能工作室"立项申请、督促指导、年度考核、结果运用。各二级学院根据专业特点拟定工作室计划、搭建团队、制定管理制度、进行阶段考核，如《文照辉技能大师工作室管理办法》。年初制定工作室工作计划，对人才培养与团队建设、成果转化与创新、发明创造与应用、技术传承与展示、运行过程与结果、社会效益与经济效益、经验总结与提升、保障措施与条件等方面制定年度可测量、可评价的考核指标体系，年末针对考核体系进行年度考核，做到年初有计划、过程有督查、年终有总结、年底有考核。工作室对应的各系根据确定的工作目标、在"双师双能工作室"负责人的带领下"以建促教、以建促学、典型引领、示范推广"，以合作共赢为基础，以人才培养质量提升为目标，以应用技术开发能力提高为关键，培育复合型人才，服务中小企业技术创新。通过建立学校—学院—系部三级联动机制，逐步形成了上下联动、良性互动的"双师双能工作室"建设与管理的崭新格局。

7.2.2.3　勇于探索，打造"党建+双师双能工作室"新品牌

以"围绕发展抓党建，抓好党建促发展"的建设思路，创建"党建+双师双能工作室"品牌。轨道交通装备智能制造学院以"文照辉技能大师工作室"为平台，开展丰富的品牌系列活动，技能大师进校园、进课堂、进专业社团，同时，技能大师参与专业建设研讨论证、服务学生成长成才、助力教师教学能力提升。通过创建"党建+双师双能工作室"品牌，大师工作室开展的大师进课堂、绝活展示、协会一对一指导等活动，使学生技能水平整体提升，技能竞赛成绩有较大提升，人才培养质量稳步提升；大师工作室开展的大师技能传承、教师现场培训、技术攻关、技术服务等活动，促进专业教师的技能和服务能力的提升。学生、教师能力提升推动专业健康发展、综合竞争力不断加强。湖南润伟智能机器有限公司罗伟名师工作室"党建+双师双能工作室"平台，在服务企业职工"职业理想、职业道德、专业知识"等方面进行系统的培训；同时，该平台帮助学生建立责任感和服务意识，进一步了解专业知识，完成从学校到岗位的过渡。（图7-5）

图7-5 立项市级"双师双能工作室"

7.2.2.4 合作共赢，推动"双师双能工作室"成果实现新突破

依托技能(技术)大师工作室，学校在人才培养、师资建设、科学研究等方面均取得了显著的成效。9个技能(技术)大师工作室每年进行新生入学教育、专业知识报告、专业前沿介绍20场。2019年学校应用电子技术专业教学团队成功入选首批国家职业教育教师教学创新团队立项建设单位，4个团队入围湖南省教师教学创新团队，团队中有5位技术技能大师。陶艳职教名师、谢光明技能大师等4位校内外教师组成的参赛队在"2019年全国职业院校技能大赛职业院校教学能力比赛"以小组第一名的成绩荣获高职组一等奖，站上了最高领奖台。

7.2.3 成果成效

近三年来，通过"双师双能工作室"，申请立项省科研项目达10项，开发专利10多项，科技攻关2项，中小企业技术服务30多项。指导师生、企业职工参加各类竞赛获省级以上奖励 20 多项。

文照辉技能大师工作室培养出了全国技术能手 1 名，中车技术标兵 1 名，株洲工匠 2 名，中车技术能手 1 名；工作室联合立项横向课题 4 项；其中由张克昌参与的"电机转轴精车内锥孔的质量提升"技改项目，每年可为中车株洲电机有限公司节约制造成本 17.6 万余元，同时可使加工时间由攻关前的 42 min/根降低至目前的 32 min/根，生产效率提升了 23.8%，由此荣获该公司 2018 年度技术类大众创新项目（难题解决）一等奖。

李云刚技能大师工作室带领应用电子技术科研团队完成专利申请 2 项，指导教师完成湖南省自然科学基金申报工作 3 项，指导学生获得全国大学生电子设计竞赛湖南省一等奖 1 项；指导学生获得 2020 年度湖南省职业院校技能大赛电子产品设计及制作赛项湖南省一等奖 2 项；等等。

段树华职教名师工作室积极与株洲市沃尔新材料有限责任公司开展技术攻关，开展 40 吨和 100 吨折弯机的电气控制柜研制和生产，共完成配套电气控制柜达交付 320 多套，创造经济价值 100 多万元；应机场的需求，自主研发机场除冰装置，目前该项目已经研发出了第 3 代装置，并已投入产品化生产；开发电动推杆、材料倒角装置等多个项目研发工作，已获得研发项目的系列专利；面向园区企业中车电机公司、中车特装公司员工开展电工技能培训 30 人次，指导培训学员获得株洲市技能天下大赛第一名和第三名的优异成绩；指导朱昌盛、刘武聪、汤敏团队获得智能制造钳工技能大赛省赛一等奖（第一名）、国赛二等奖（第八名）；工作室成员公开发表论文 15 篇，其中 3 篇科技核心期刊；积极开展横向课题研究，到账经费 41.1 万元。

罗伟职教名师工作室与湖南润伟智能机器有限公司、株洲机务段三方合作共同研发 HXD1C 制动实训教学系统，"基于轨道交通制动部件的智能检修实训平台"和"机车制动软管模拟连接装置"已获得专利受理通知书；现有株洲机务段、广州铁路职业技术学院、内江铁路机械学校、浙江机电职业技术学院等多家企业与学校来考察产品，并有意购买实训系统和平台；依托名师工作室开展省内外的教师国培项目和铁路局 12 个类别近 2000 多名员工的培训，为专业人才培养服务。

董小金名师工作室在 2021 年面向职业院校教师开展 1+X 数控车铣加工职业技能等级证书师资培训，共培训了来自全国的 90 名教师。

在"双师双能工作室"的建设过程中，校企双方共同受益，师生员工同向同行，产教深度融合，人才共同培育。这得益于国家职业教育大发展的政策利好，并在株洲职教园整体统筹支持下不断推进。株洲职业教育与产业发展的融通已见成效。

7.2.4　经验总结

7.2.4.1　跨界汇聚融合打造"双师型"名师工作室

《深化新时代职业教育"双师型"教师队伍建设改革实施方案》中指出，要依托职教园区、职教集团、产教融合型企业等建立校企人员双向交流协作共同体。目前的名师工作室的团队成员主要是学校教师，与行业企业结合得不是很紧密，不能凸显工学结合优势。因此，工作室应该对接行业企业，与企业达成校企合作协议，携手共建名师工作室，把企业技能大师、名匠纳入名师工作室队伍，或者工作室到企业参加实践实训，为企业提供技术咨询、生产和服务，把工作室的成果转化为生产力。推动企业工程技术人员、高技能人才与高职院校教师双向流动，发挥各自优势，共同致力于"双师型"教师高技能人才的培养，共同开展行业专业产学研活动，实现企业和学校双赢。

7.2.4.2　深化"双师双能工作室"的考核评价改革

学校根据认证标准认定"双师双能工作室"，建立健全名师工作室的考核评价体系，发挥其激励、监督、管理和教育等功能。有效发挥考核评价体系的指挥棒作用，充分激发教师进行专业理论知识和专业实践操作能力的提升。学校应对名师工作室开展前测、中期评审、后期督导，对名师工作室的所有成员进行跟踪考核评价，确保名师工作室目标达成，成员学习成果转化和落地，把成员的企业生产项目实践经历、业绩成果、对外服务活动成效以及学校培养"双师型"教师的数量纳入评价标准，形成对"双师双能工作室"

的过程性评价和结果性评价。

7.2.4.3 采用师徒传帮带式的人才培养模式

"双师双能工作室"承担的一个重要任务就是培养人才。进入工作室的学生呈现出一种有规律的不固定性，随着高年级学生不断毕业离开学校，会不断有低年级学生进入工作室学习和参与项目的建设。如何做好高低年级学生的衔接、经验的传承也是工作室要解决的问题。除了学校教师团队和企业导师团队的培训辅导外，工作室还需安排高年级学生或者有工作经验的学生担任低年级学生的师傅，对低年级学生进行传帮带。通过这种传帮带式的师傅带徒弟的培养方式，高年级学生可以把自己的工作技巧传授给低年级学生，低年级学生也可以将新的观念、看法融入，相互讨论，相互帮助，双方的技能都在这个传帮带中得到更好的锻炼和提升。

7.3 职业院校响应"一带一路"倡议，高职教育助力"走出去"企业行稳致远

"一带一路"倡议逐步进入巩固成果阶段，2019年湖南铁道职业技术学院助力中国路桥工程有限责任公司为肯尼亚蒙内铁路外籍员工开展通信、信号专业技能提升培训教学。以肯方员工的职业需求为导向，运用"虚拟仿真+真实设备"、网络平台等教学手段，设计了符合员工特点的分组教学、案例教学、体验式教学等教学策略，打造出线上与线下相结合、教学团队与企业专家相联合、教学资源与教学策略相配合、职业技能与文化交流相融合的"四合"国际化培训教学模式，在培训中取得了良好效果。

7.3.1 实施背景

从2013年提出"一带一路"倡议，到两届"一带一路"国际合作高峰论坛的举办，"一带一路"倡议已进入不断巩固发展成果，不断促进、塑造企业形

象,更加关注文化差异下的民心相通的阶段。蒙内铁路作为我国"一带一路"倡议中首个海外全中国标准铁路项目和推动非洲"三网一化"的标志性品牌工程,随着前期建设的完工,目前已进入巩固发展成果阶段。

蒙内铁路由中国路桥工程有限责任公司与肯尼亚铁路局共同管理。中国路桥公司主要负责代管铁路日常运输组织和设备维护外,还需要对肯方员工进行运营管理和技术培训。在对肯方员工的培养方式上,起初采用国内铁路行业传统的集中培训和师带徒结合的方式,由于缺乏专业的培训师资,加上师徒之间的语言障碍和文化差异,培养效果不佳。中国路桥公司打破原有的培养模式,联合国内具备职业技能培训经验的优质职业院校共同开展培训。

学校很快与中国路桥公司达成协议,并将此次培训作为学校"双高计划"中打造高铁培训工坊的重要组成部分。2019 年 7—10 月,学校派出三个专业的双师型培训团队,顺利完成了 4 个月的境外培训教学。(图 7-6)

图 7-6　培训圆满结业

7.3.2　主要做法

7.3.2.1　模式提炼

培训团队在对肯方员工培训需求调研的基础上，以肯方员工的职业需求为导向，组建了优质培训团队并开发了教学资源，教学团队基于虚拟仿真+真实设备教学手段，采用了分组教学、案例教学等方法，打造出线上与线下相结合、教学团队与企业专家相联合、教学资源与教学策略相配合、职业技能培训与文化交流相融合的"四合"国际化培训教学模式，该模式在蒙内铁路培训项目中得到了验证，取得了良好成效。

7.3.2.2　具体做法

（1）线上与线下相结合，充分调研需求，准确把握学情。

项目开始前，培训团队在线上对接中方负责人以调研肯方学员需求，总结归纳本次培训期望和要求，肯方学员希望通过培训解决工作中设备维护和工程应用方面的实际问题。参加培训的肯方学员有 98 名，分布在项目的 3 个现场车间、2 个基地车间，员工入职时长不同，基础相差较大。

培训团队到达肯尼亚后，利用休息时间积极到内罗毕信号工区进行线下广泛交流；观看肯方员工在生产过程中的参与情况，了解其具备的职业技能和素养；与工作现场中方员工沟通交流，从侧面了解肯方员工的学习习惯和职业痛点。（图 7-7）

（2）教学团队与企业专家相联合，打造结构化培训团队。

学校挑选具有企业现场工作经验的双师型教师组建了培训团队，由南昌铁路局具有 10 年现场工作经验的傅宗纯团队负责 CTC 设备维护项目，由在通信行业具有 6 年工作经验的谭传武老师负责铁路通信设备维护项目，由嘉峪关电务段具有 5 年现场工作经验的蔡小成老师负责微机连锁设备维护项目。培训团队根据通信工和信号工的需求，分类设计教学内容。

为保证培训质量，培训团队获取了蒙内铁路信号设备供应商的技术资

图 7-7　内罗毕工区调研

料，通过选取素材、优化内容、合理组织等，按模块制作了培训 PPT、微课视频、习题案例、培训教材等课程资源；考虑运维公司缺乏操作练习的实训设备，联合国内企业专家，引入了"铁路信号连锁操作仿真"和"铁路通信全网仿真"平台，协同翻译官完成了教学内容设计和资源开发。

(3)教学资源与教学策略相配合，有效实施课题教学。

由于学员能力参差不齐、所学专业各异，培训课堂教学不能按一刀切的方式进行。为解决这一问题，培训团队按照学员所学专业、工作年限和职业能力进行交叉分组，以便实现组内的"传帮带"；在课堂教学过程中，针对学员提出的企业生产中的实际问题，采取案例+分组讨论+教师点评的方式，将个性问题转变成共性问题，让所有学员参与课堂教学；针对培训场所没有用于操作训练的设备，在教学过程中使用虚拟仿真软件，使学员身临其境，在提升课堂教学的有效性的同时，也让肯方员工体验到了中国职业教育的先进性。

根据学员对所讲解知识的掌握情况，动态调整教学策略、教学进度。培训教师根据学员知识、技能的掌握情况及时地调整课堂教学策略，使培训效率最大化。由于蒙内铁路采用的是中国标准，设备铭牌采用汉语拼音首字母，学员难以理解。培训团队耐心细致地教授汉语发音，让学员对中国标准的铁路设备有更加深刻认识的同时，在思想深处留下中国文化的烙印。（图 7-8、图 7-9）

图 7-8　学员工作经验分享

图 7-9　学员分组讨论

（4）职业技能培训与文化交流相融合，展示中国品牌。

蒙内铁路管理方式按照中国铁路系统管理模式，由于文化差异部分学员不理解这种管理模式，有些学员对这种模式比较排斥。培训团队利用课余时间同学员进行文化交流，使学员了解中国文化，理解中国管理模式，产生价值认同感，排除由于文化差异和语言交流不便造成的一些误解，更好地接受中国标准，认可中国品牌。（图 7-10）

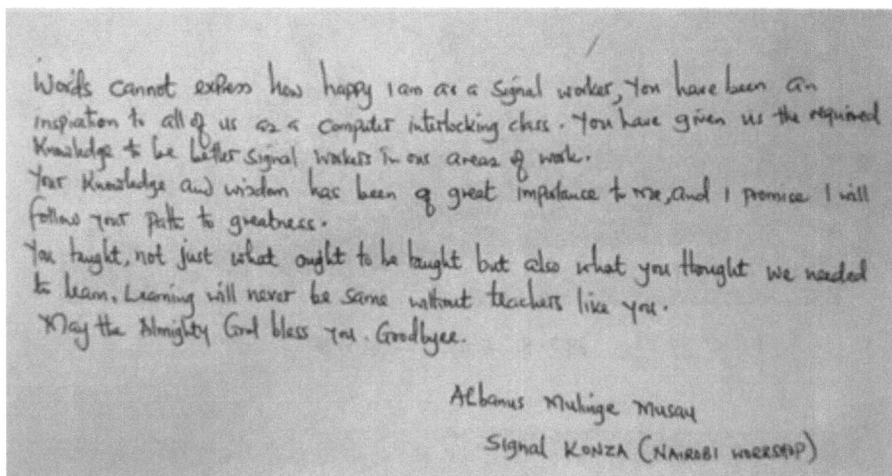

图 7-10　学生留言

7.3.3　成果成效

7.3.3.1　直接成效

经过培训团队认真、负责的教学，培训项目圆满完成，培训学员 100% 通过了肯方组织的结业考核，为肯尼亚铁路局储备了大量技术人才。此次培训让肯方员工更加了解中国标准铁路设备，认可中国企业管理模式，同时也对中国职业教育的教学模式赞许、肯定。

7.3.3.2　间接成效

培训团队以该项目为载体,向肯尼亚铁路局输出了1套中国标准铁路外企员工培训方案、3本双语培训教材、3套双语培训资源。培训团队还将其转换为线上教学资源,为后疫情时代开展线上国际培训奠定了基础。通过此次助力"走出去"的中国企业开展国际化培训教学,湖南铁道职业技术学院积累了开展国际化培训经验,还对学院原有的国际化培训项目开展模式进行了升级。

7.3.4　经验总结

7.3.4.1　经验启示

培训能够取得良好的效果,一是组建了合理的培训团队;二是培训团队前期进行了认真、系统的准备;三是能够在教学过程中采用多种教学方式,灵活调整教学策略;四是与学员进行文化交流,使其产生价值认同感。

7.3.4.2　不足与改进

总结此次培训,有以下两点不足:

(1)学习方式差异导致临时调整教学策略。

虽然培训团队前期做了调研,但是由于肯方员工的学习方式与国内学员之间存在差异,教学团队临时调整了教学策略。在今后的对外培训项目中应深度调研学员情况,包括文化、学习习惯、教学模式等,为取得良好培训效果做好充足准备。

(2)培训团队外语水平有待提升。

虽然配备了专门的翻译人员,但是在教学过程中,尤其是分小组讨论过程中,培训师直接参与讨论的效果明显更好。学校应提升培训师外语水平,打造一支双语培训团队。

7.3.5 推广应用

随着中国轨道交通的快速发展，海外中国标准的铁路、地铁建设项目日益增多，例如土耳其伊安高铁、塞尔维亚匈塞铁路、老挝中老铁路、智利圣地亚哥地铁等，这些项目的运营都需要对本地员工进行职业技能培训。该案例中涉及的开展培训的方法，可用来指导开展类似的项目培训，其他相近的中国标准国外项目的外企员工培训也可借鉴该案例中的模式。同时，应该规避该案例中提到的不足之处，以便取得更好的培训成效。

7.4 牵手中职，对口帮扶，助力湖南职教教师素质能力提升

为有效服务湖南"三高四新"和乡村振兴战略，湖南铁道职业技术学院筹建成立"湖南职业院校教师发展帮扶联盟"，组建了专业指导团队和课程团队，牵手中职学校，在全省范围内开展送培到校、精准培训。

7.4.1 实施背景

为贯彻落实《教育部、湖南省人民政府关于整省推进职业教育现代化服务"三高四新"战略的意见》精神，充分发挥职业院校人才优势和专业优势，有效服务湖南"三高四新"和乡村振兴战略，湖南铁道职业技术学院筹建成立"湖南职业院校教师发展帮扶联盟"，建立由湖南省教育厅全面统筹、中高职院校深度参与、校地紧密合作、校校对口帮扶的职业院校教师发展帮扶机制，实施优质职业院校教师发展对口帮扶计划，助力经济欠发达地区职业院校教师素质提升，助力经济欠发达地区产业发展和乡村振兴，促进职业院校教师全面可持续发展，激发教师潜能，提升教师教学、科研及社会服务能力，促进联盟各成员单位之间在信息交流、项目共建、资源共享、责任共担、协同创新等方面的深度合作，为优化和提升职业院校教师素质出谋划策，以及提供培训等服务。

7.4.2　主要做法

湖南铁道职业技术学院开展了下列工作：

（1）2018 年至 2021 年，依托教育部、财政部及湖南省教育厅主办的"贫困县和偏远地区精准培训"国培项目，主动与湖南省宜章县、汝城县、凤凰县、新田县、永顺县、龙山县等二十多个经济欠发达地区中高职院校联系对接，开展送培到校、精准培训，对受培学校教师从教学整体设计、课堂教学设计及信息化教学三个方面分模块对中职院校的教师们进行培训。培训课程包括职业教育政策文件解读、课程设计的理念与思路、现有课程结构分析、教学设计与评价、说课的程序与技巧、课堂教学的语言艺术、信息化教学设计、微课教学资源的建设与应用、PPT 的制作与美化等内容。（图 7-11）

图 7-11　送培到校、精准培训

（2）筹建成立"湖南职业院校教师发展帮扶联盟"，已发动省内 45 所中职学校、10 所优质职业院校加入联盟，重点推动湖南省职业院校教师教学能力提升工程。目前已启动联盟相关工作。

(3)牵手中职学校，在全省范围内开展"免费送培中职学校教学能力提升活动"。各县级中职学校通过网上报名申请，提出具体要求，湖南铁道职业技术学院安排对应的培训专家，精心准备，直接到各中职学校现场进行免费培训讲座，重点针对中职教师教学能力提升、对标竞赛、精品课程建设等。培训反响强烈，效果非常明显。

(4)组建了专业指导团队，具体对接各中职学校，为中职学校提供专业设置、专业动态调整、专业人才培养模式改革等咨询和指导服务。

(5)组建了课程团队，根据各中职学校精品课程建设要求，为中职学校提供课程开发、课程资源建设、在线开放课程建设等服务，定期到校进行现场指导。

(6)组织校内近三年参加国赛、省赛获得教学能力一等奖的教师组成培训师团队，具体指导各中职学校教师参加湖南省中职学校教师教学能力竞赛。

7.4.3 成果成效

(1)从 2018 开始，湖南铁道职业技术学院承担了 34 所中高职院校的贫困县(市区)和偏远地区"送培到校、精准培训"教学能力提升培训项目，三年共培训了 1500 多名职业院校教师，有效提高了培训学员的课程开发、课堂教学和信息化教学能力，在加强贫困县(市区)和偏远地区职业院校"双师型"教师队伍建设、提升教师的教学能力、促进教师专业发展和综合素质提升、提高学校人才培养质量和服务发展水平等方面取得了实效。

(2)湖南铁道职业技术学院承担"送培到校、精准培训"教学能力提升培训班的受培学员经过 10 天左右扎实、有效的培训学习和训练，90%以上的受培学员完成了 9 项作业，100%的学员不同程度地更新了教育教学理念、提升了教学能力。据不完全统计，学校承担"送培到校、精准培训"教学能力提升培训班的受培学校有 100 多名教师参加近五年的各级各类教学能力技能竞赛；有 70 多名受培教师荣获市级以上的奖励；有 200 多名受培教师脱颖而出，建设了 100 多门精品课程或在线课程；有 200 多名受培教师在各级各类微课比赛中获奖。

（3）2022年2月底，湖南铁道职业技术学院优先向湖南省内经济欠发达地区中职学校发出"免费送培中职学校教学能力提升巡回培训"通知，一周时间共收到17所中职学校邀请。湖南铁道职业技术学院根据各所学校的培训主题方向组建了培训师团队，并根据各校意向确定培训时间地点。3月8日，湖南铁道职业技术学院派出了获得国赛第一名的陶艳教授亲临永州东安职业中专进行"如何对标备赛"讲座，东安职业中专全体教师参加了培训，培训后收集了参培教师的反馈意见，效果非常好。后续参培的学校由于疫情，暂时推迟了现场线下培训。从培训的方式方法来看，这次培训深受中职学校欢迎。一些中职学校校长表示："我们太需要了！""希望优秀高职院校多来学校现场指导！"（图7-12）

图7-12　为东安职业中专免费送培

7.4.4 经验总结

湖南省职业教育作为湖南省人民政府推进职业教育现代化、服务"三高四新"战略的试点省份，如何系统谋划、分类指导、统筹整合职业教育资源，全面提升职业教育教师素质及能力，显得尤为重要。我们以此为契机，努力推进"三全育人"改革试点，建设一批精品项目，培养一批骨干教师，加强师德示范建设，促进教师专业发展，提升教学团队创新能力，探索团队合作、共同体协作的新模式，整体提升团队教师教学创新能力、团队协作能力和社会服务能力。

为此，下一步需要做到：

(1)帮助参培学校组织教师参加湖南省中职学校教师教学能力大赛及具体指导中职学校完成办学条件达标工程。

(2)通过各成员单位教师发展规划、制度、方案、实践、经验，以及培养培训资源等方面的共享，推动各成员单位更有效地做好教师发展服务工作。

(3)通过"线上+线下"方式，联盟内的优质高职院校为中职学校提供职业教育教学能力大赛辅导、专业建设、精品在线开放课程建设、教学资源建设、信息化应用能力、新形态教材开发、教学管理规范、教研能力提升等方面的培训。

(4)采取交流考察、会议研讨、专家讲座等形式，推动各联盟单位的交流和协作，同时加强与省内外兄弟院校和培训机构的交流，促进成员单位教师培养培训水平整体提升。

7.5 智慧助老，构建老年人终身学习通道

湖南铁道职业技术学院充分发挥职业教育服务社会功能，在应对老龄化问题方面开展专项行动，与株洲市老龄大学电力机车厂分校合作，学院提供教学场地，并且所有资源免费对老龄大学学员开放。学院利用现有师资，积

极拓展老年教育社会功能,构建老年人终身学习通道。

7.5.1　实施背景

中国已步入老龄化社会,湖南铁道职业技术学院所在的社区老龄人口众多,学院附近的株洲市老龄大学电力机车厂分校由于工厂要拆迁,面临着无场地办学的困境。2021年年初,学院决定与株洲市老龄大学共同开办田心社区老年开放大学。2022年3月,老年开放大学的教学场所全部正式迁入湖南铁道职业技术学院,学院所有资源免费对老龄大学学员开放。

田心社区老年开放大学2021年下半年共设28个教学班,2022年上半年共设26个教学班,主要开设了手机摄影与视频制作、钢琴、书法、国画、瑜伽、声乐、舞蹈等课程。为解决老龄人不会上网、不会使用智能手机等普遍问题,以及帮助他们在出行、就医、消费、疫情防控健康扫码、文娱、办事等日常生活中便捷出行,老年开放大学还特别开设了老年人智能手机使用课程。田心社区老年开放大学为社区老年人提供就近服务,积极拓展老年教育社会功能,帮助老年人更新观念,提升老年人运用智能技术的能力,以更好地适应并融入信息社会,为老年人跨越"数字鸿沟"提供教育支持服务。

7.5.2　主要做法

(1)通过老龄大学这个平台,老年人重新回到课堂学习。老龄大学聘请专门教师辅导他们掌握现代新技术,通过体验学习、尝试应用、互助帮扶等,引导老年人体验新科技,积极融入智慧社会,跨越"数字鸿沟"。

(2)按照老年人的兴趣爱好适当开设教学课程,提高他们的学习积极性。例如手机摄影与视频制作、老年人智能手机使用等课程开设后报名火爆。授课师资由湖南铁道职业技术院聘请的行业专家及校内资深专业教师组成。教学过程中为了引导老年学员逐步掌握智能手机操作技术,教师们采用PPT、现场采风场景教学、作品单独讲评等手段,让学员慢慢领会。学期结业时,学员能够熟练使用微信、会用手机与家人视频聊天、熟练拍视频、独立制作抖音、线上视频学习等。

（3）组织学生志愿者深入社区，帮助老年人维修家电，手把手教会他们使用智能手机、智能电器，进行义务清扫等。

（4）组织师生志愿者深入各小区调研、走访老年人家庭，了解老年人学习需求。定期召开老龄大学各教学班级负责人座谈会，广泛听取老年学员的意见和建议，完善教学内容，及时改进课堂教学。

（5）组织学生志愿者深入小区，开展老年人强化智能技术应用及防诈骗知识宣传，引导老年人正确认识网络信息和智能技术，谨防各种网络诈骗。

7.5.3　经验总结

随着人口老龄化的快速发展，信息技术不断推进，老年人的学习需求越来越多。面对如此快速发展的社会，任何人都不可能在人生最初二三十年学到余生需要知道的一切。所有人都需要持续学习，尤其是老年人。一方面老年人参与学习有助于提高认知能力和健康素养，另一方面老年人通过学习可以丰富晚年生活、体现价值。信息技术的进步给老年人提供了更多的学习机会，让他们可以足不出户而知晓天下。对于生活中的智能化家电应用、智能手机应用、手机银行、手机刷医保、网上购物等，老年朋友迫切需要学习、更新知识，尤其是学会使用智能手机等。每所高校（包括职业院校）如果能够覆盖一定区域开办老龄大学，将会有效解决老年朋友跨越"数字鸿沟"这一难题，所有老年人都将老有所老、学有所学。

第八章

湖南铁道职业技术学院技术创新与社会服务的探索

本章将深入探讨湖南铁道职业技术学院在技术创新与社会服务领域的探索与成就。学院不断努力打造应用电子技术专业国家级教师教学创新团队，致力于推动职业院校科研与技术创新团队建设模式的研究。更为重要的是，本章将深入剖析学院在校企合作方面探索的新模式，以构建产教融合技术技能服务的新平台。本章还将详细介绍"双师工作室"在轨道交通装备制造领域的深度实践，以及构建的"三二一"产教融合双向育人新模式。本章最后将着重介绍大师引领的项目推动，以及切实推动铁道机车"三教"改革的谢光明技能大师工作室建设成果。这一章将呈现湖南铁道职业技术学院在技术创新和社会服务方面的积极探索和成就，为读者提供深入了解学院在教育领域不断前行的精彩故事。

8.1　多措并举打造应用电子技术专业国家级教师教学创新团队

8.1.1　实施背景

教师是教育高质量发展的第一资源，是发展教育事业的关键所在。2019 年 1 月颁布的《国家职业教育改革实施方案》提出要多措并举打造"双师型"教师队伍。2019 年 3 月，《教育部、财政部关于实施中国特色高水平高职学校和专业建设计划的意见》明确将"打造高水平双师队伍"作为"双高"建设的十大改革发展任务之一，即以"四有"标准打造数量充足、专兼结合、结构合理的高水平双师队伍。2019 年 5 月，教育部印发《全国职业院校教师教学创新团队建设方案》(以下简称《建设方案》)，目标是通过 3 年左右的培育和建设，打造 360 个满足职业教育教学和培训实际需要的高水平、结构化的国家级团队，为全面提高复合型技术技能人才培养质量提供强有力的师资支撑。2019 年 8 月，教育部等四部委印发《深化新时代职业教育"双师型"教师队伍建设改革实施方案》。

湖南铁道职业技术学院应用电子技术专业于 2019 年 7 月被批准为首批

国家级职业教育教师教学创新团队。获批后，湖南铁道职业技术学院应用电子技术专业国家级职业教育教师教学创新团队严格按照《建设方案》的建设内容与进度要求开展团队建设工作，取得了阶段成果，现介绍如下。

8.1.2 主要做法与成果成效

8.1.2.1 日臻完善，形成规范化的团队建设与管理制度

(1)构建团队教师师德培育体系。

依据学校教师"七维四层"道德素质模型(图 8-1)，从爱国守法、关爱学生、严谨治学、敬业尽责、乐于奉献、为人师表、教书育人等 7 个维度，根据应用电子技术专业教师教学特点，细化 7 个维度师德标准，量化考核指标，将师德作为团队成员年度考核、评优奖励等的重要依据。定期组织团队成员开展职业精神、工匠精神、劳模精神的研讨和学习，引导团队成员争做"四有"好教师。获批"全国高校黄大年式教师团队"1 个，1 人获"湖南省黄炎培杰出教师"和"全国黄炎培杰出教师"荣誉称号。

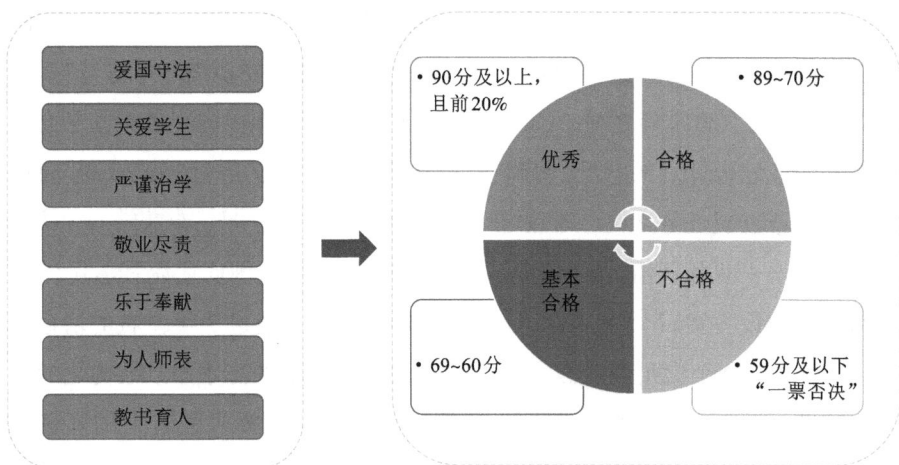

图 8-1　教师"七维四层"道德素质模型图

（2）完善团队教师发展标准体系。

按照"新进教师→合格教师→骨干教师→教学（培训）名师、技术技能大师→专业（群）带头人、产业导师"的职业发展通道，结合专业教学、科研和社会服务特点，分层分类建立教师发展标准，在基于双师素质基本要求的基础上，允许教师根据自身基础和优势，选择"偏教学、偏科研、双能型"三种类型自主发展。对接"1+X"证书制度和行动导向的模块化教学改革需求，实施学校"413"教师岗位能力模型（图8-2）。从基本素养、教学能力、科研能力、服务能力4个维度完善表达沟通、团队协作、课程开发等13项内容，细化能力标准，量化考核指标。教师获"湖南省技术能手"荣誉称号1项，获湖南省第一届职业技能大赛——全省工业和信息化技术技能大赛计算机软件测试员（集成电路EDA开发应用）一等奖1项、三等奖1项，获湖南省职业能力竞赛一等奖2项，获湖南省教学能力大赛一等奖1项、二等奖3项、三等奖2项。

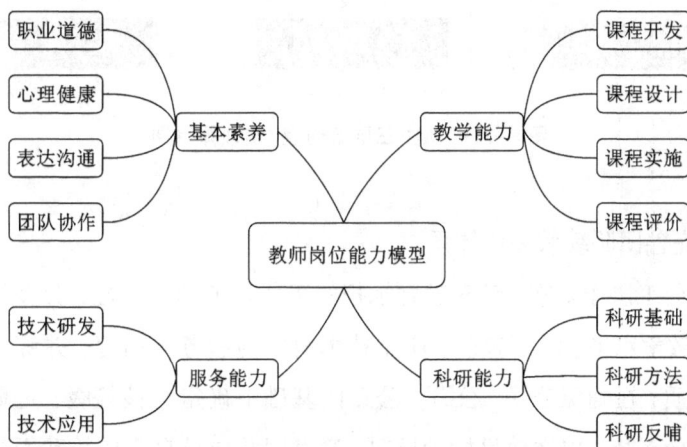

图8-2　"413"教师岗位能力模型图

（3）构建"四类三层五通道"培训体系。

针对教师岗位能力模型，基于岗课证融通，开发模块化培训课程体系。把国家职业标准、教学标准、1+X证书相关标准、项目式教学实施能力等纳入岗位能力培训的必修内容，确定培训标准，明确培训内容、途径、考核要求等，按照个体发展差异定制培养培训方案。形成"四类三层"模块化培训课程体系，再通过"五通道"进行培训（图8-3）。团队成员参加"工匠之师"境外（德国）培训项目、"1+X"证书制度试点种子教师研修项目等共40余个，累计6000余学时。

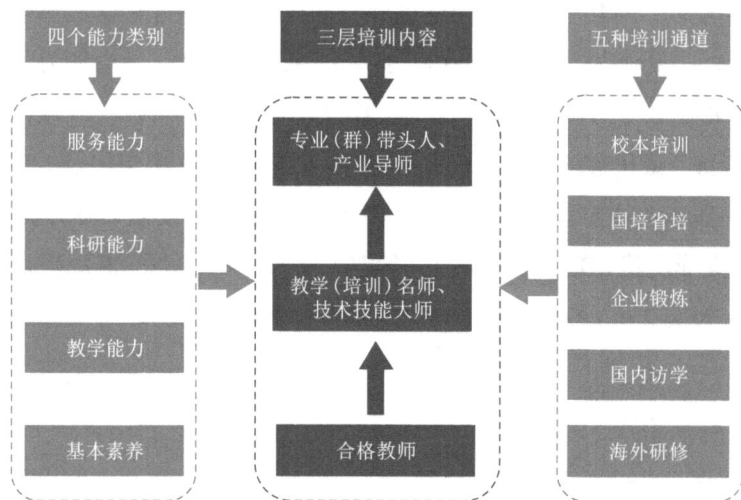

图8-3 "四类三层五通道"培训体系图

（4）完善团队绩效评价体系。

按照分工协作要求，针对教师承担的工作任务的差异性，分类别量化师德表现、教学水平、教研教改、应用技术研发与服务等内容，并综合权衡工作任务性质，在确保公平、公开、公正的基础上确定考核等级，定期开展团队成员绩效考核，以绩效目标为导向，激发团队成员自我成长和干事创业活力。团队成员中有2人获湖南省事业单位工作人员记功，有26人获嘉奖，85%的团队成员年度绩效考核优秀。

8.1.2.2 产教融合，创新"双主体、三阶段、多元协同"人才培养模式

应用电子技术专业分为电子产品生产与工艺管理、电子产品技术服务、

电子产品研发等 3 类通用岗位群和机车车辆电子产品技术应用、机车车辆电子电器核心零部件装调等 2 类行业特色岗位群。针对不同类型的学习者，创新"双主体、三阶段、多元协同"产教融合的应用电子技术专业人才培养模式（图 8-4），实施学校"通质+特质"素质培养体系，培养电子信息行业复合型、创新型、发展型、国际化高素质技术技能人才，与湖南师范大学、中车时代实施校企协同"中高本"衔接，与博众精工实施"现代学徒制"等多样化人才培养，实现学生个性化发展需要。团队成员获 2021 年湖南省职业教育教学成果一等奖 1 项、二等奖 3 项。

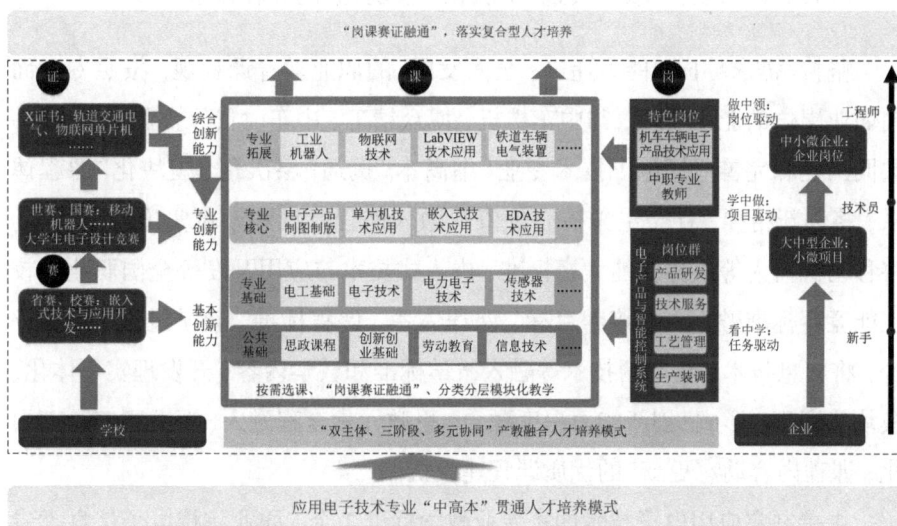

图 8-4　"双主体、三阶段、多元协同"产教融合人才培养模式图

湖南铁道职业技术学院与湖南师范大学联合培养本科学生 230 余名，他们在湖南铁道职业技术学院应用电子技术专业学习两年后进入湖南师范大学继续学习两年。由于培养质量好、基础扎实、动手能力强，这批学生得到湖南师范大学师生的欢迎和表扬。近年来这批学生代表师大参加技术技能竞赛获得全国大学生电子设计等竞赛一等奖 2 项、省一等奖 3 项，且毕业后到岗位上还取得了省市级以上技能竞赛奖 7 项，被评为市优秀团员 1 人、优秀教师1人。光明日报等媒体多次报道了这种"2+2"联合培养模式,社会反响强烈。

湖南铁道职业技术学院应用电子技术专业在"金平果2021年高职专业竞争力排行榜"中排名上升为全国第一(2020年排名为全国第二)。2019年7月,在教育部关于公布《高等职业教育创新发展行动计划(2015—2018年)》项目认定结果的通知中,湖南铁道职业技术学院应用电子技术专业被认定为骨干专业和生产性实训基地。应用电子技术专业学生在各类技术技能/创新创业大赛上频频斩获大奖,获得国家级奖励8项、省级奖励28项。

8.1.2.3 能力本位,实践"层次化、模块化"的课程体系

坚持"需求导向、能力递进、全面发展"的职业教育课程观,按照专业面向职业岗位的能力要求,与中车株机、博众精工、中车时代等企业深度合作,共同构建和完善应用电子技术专业"中高本"贯通"层次化、模块化"课程体系,将创新精神、社会主义核心价值观融入课程建设和改革实施的全过程,将移动机器人等世界技能大赛标准、嵌入式技术与应用开发等全国职业院校技能竞赛标准融入人才培养目标、课程体系、课程标准、教学过程、质量评价,将信息技术、物联网技术等融入教学标准和教学内容,开发理实一体化、模块化课程,形成"创新能力深度融合、思政元素全程融入、职业素养全面内化、课程内容动态更新"的优质课程建设机制。

主持制定应用电子技术国家专业教学标准1个、职业院校电子信息类专业教师企业实践培训与考核指南1个。建成国家精品在线开放课程1门、湖南省精品在线开放课程3门、校级精品在线开放课程8门。

8.1.2.4 "三教"改革,实施模块化教学模式和多元多样化教学方法

实施应用电子技术专业模块化教学组织改革。针对专业面向岗位的知识、能力、素质需求,基于工作过程,系统化、科学地制定模块化课程设置方案,与博众精工、中车时代等企业共同开发完成轨道作业车脱轨检测电器装置等51个模块、271个工件,并将模块按技能养成规律、学习规律及不同专

业方向进行组合,完成"电子产品生产与检验"等 8 个核心模块单元,并开发配套专业教学资源。主持应用电子技术专业国家教学资源库(升级改造项目)1 个。

创新线上线下"一书一课一空间"混合式翻转课堂教学。深入电子信息与轨道交通装备制造企业生产现场,结合应用电子技术专业校内实践基地智慧实训平台虚拟教学设备、虚实结合互动一体化教学设备及线上数字化资源库虚拟仿真库、实景视频库、课程库、培训库等资源,利用信息化教学平台实施线上线下、课内课外混合教学。针对不同类型课程,设计合理的教学方法。教学过程中以学生为主体、以教师为主导,充分展示学生个性,打造"学生动起来、课堂活起来、学生注意力高度集中"的高效金课。

对接企业岗位工作项目、工作任务、工作流程等,动态更新课程项目载体及应用案例,开发配套信息化资源,实现教材内容更新随时化。针对专业群内基础理论型、技术应用型、设备操作型及调试检修工作流程型等课程的不同特点,融入企业文化、职业素养和思政元素,充分利用各种信息化手段,开发多种类型教材,形成数字化、立体化、多样化的特色教材体系。公开出版"十三五"国家规划教材 3 本、新形态一体化教材 6 本,立项工信部"十四五"规划教材 2 本。

8.1.2.5　协同创新,打造"一中心、一基地"的先进智能制造技术技能创新服务平台

紧跟电子信息与轨道交通装备制造产业全球化、智能化、绿色化、信息化的发展趋势,围绕智能制造、智能控制等重点技术领域和方向,与中车株机、中车时代、轨道智谷、职教城等行业领先企业和区域园区合作,以服务电子信息与轨道交通装备制造产业链发展需求为目标,校企打造"一中心、一基地"的先进智能制造技术技能创新服务平台,在"人员互聘、教师培训、技术创新、资源开发"等方面开展深度合作。牵头成立"湖南省集成电路技术应用产教联盟",建成 1 个院士工作站、1 个株洲市名师工作室、2 个湖南省职业教育教师技艺技能传承创新平台。主持立项省级课题 18 项;完成技术

服务项目 6 项，到账经费 60 万元；授权专利 7 项，其中发明专利 1 项；发表论文 88 篇，出版专著 4 本。

8.1.2.6 固本铸魂，打造"思政课教师"+"专业课教师"融合的教师教学创新团队

落实学校"一心六维"的"三全育人"模式，将思政教育内容和要求融入应用电子技术专业人才培养方案、课程标准和课堂教学，将社会主义核心价值观教育贯穿于高素质技术技能人才培养的全过程。思政课教师与专业课教师共同制定并实施了《应用电子技术专业课程思政实施方案》，深入推进习近平新时代中国特色社会主义思想进教材、进课堂、进头脑。建成 2 门综合素养课，融入家国情怀、铁路文化、工匠精神、湘湘精神、创新思维、国际视野等。在应用电子技术专业课程中开展以"课程思政"为目标的课堂教学改革，深入挖掘育人元素，创新育人载体，开展育人实践，真正实现思想政治教育与技术技能培养的融合统一。1 人获湖南省高校首届最美思政课教师称号，1 人获思政课教学研究工作先进个人荣誉称号。获批教育部高校示范马克思主义学院和优秀教学科研团队建设项目 1 个、教育部课程思政示范课程 1 门、湖南省普通高校思政课金课建设项目 1 个、湖南省高校思想政治工作精品项目 1 个。

8.1.3 经验总结

根据《深化新时代职业教育"双师型"教师队伍建设改革实施方案》《全国职业院校教师教学创新团队建设方案》等文件对教师教学创新团队建设要求，开展了创造性的工作，取得了系列化的标志性成果。形成的建设经验如下：标准引领教师教学创新团队建设；产教融合实施人才培养模式；模块重构专业课程体系；"三位一体"纵深推进"三教"改革；协同创新提升社会服务水平；固本铸魂打造混编团队。

8.2　职业院校科研与技术创新团队建设模式研究

8.2.1　实施背景

自 2019 年以来，为进一步推进湖南铁道职业技术学院科研工作的发展，增强学校整体的科研与技术创新能力，学校目前已立项建设共 9 支具有鲜明特色和竞争优势的校级科研与技术创新团队，研究领域涉及轨道交通车网仿真、动车组智能运维技术、现代工业智能控制技术、机电一体化等方面，紧密围绕轨道交通装备制造与运用全产业链，有力支撑了学校"双高计划"技术技能创新服务平台建设。

8.2.2　主要做法

8.2.2.1　加强科研创新平台建设

充分发挥科研平台集聚科研力量，实现学科交叉、资源共享的作用，承担大项目，培育标志性成果，培养师生科学精神和创新意识。将"中车科学家工作站""大师工作室""应用技术协同创新中心"等校内外科研平台打造为具备课题申报、成果转化、技术咨询等功能的综合性科研平台。整合校内外研发力量，强化服务区域经济发展的能力和成果转化能力。吸引企业资金投入，实现成果加速转化和产业化。

8.2.2.2　加强立体化科研队伍建设

修订《科研与技术创新团队遴选与管理办法》，优化资源配置，构建"青年科研骨干、科研十杰、科研团队"三层次队伍建设体系，分类培养教学型、科研型、科研教学型三类人员。构建"工作站+工作室+项目+技术"的科研人才培养模式。在培养过程中，鼓励大胆探索，鼓励学术争鸣，鼓励学科交叉，鼓励合作，营造人才成长的良好环境；跨域选拔、校企混编，发挥高层次人才的示范引领作用，增强团队协作意识，逐步形成团队合力，力争产出重大标志性科研成果。

8.2.2.3　探索科研与教学联结的范式

坚持教学、科研协同发展，使教学、科研共同发挥育人功能。以立项建设的方式，大力倡导将科研项目、科研活动引入教师的教学过程和学生的学习过程，将科研方法转化为教学手段，将科研平台转化为教学条件，将科研成果转化为教学内容。将研究成果转化为教学内容，将研究项目转化为教学案例，实现教学内容与行业企业技术发展同步，推动科研反哺教学。

8.2.2.4　实施科技创新能力提升工程

加大科技人才的引进和培养力度，制定《学校青年科研骨干培养与管理办法》。各学院选拔青年科研骨干教师进科学家工作站（大师工作室）、进企业、下一线重点培养，与企业开展联合技术攻关，开展轨道交通装备"主特产品"技术创新。促进优秀人才的成长，培养造就一批青年科研骨干教师，组建学术梯队，支持教师参与项目研发与服务，逐步成长为双师骨干、大师名师。

8.2.3　成果成效

8.2.3.1　科研与技术创新水平稳步提升

2021 年市厅级以上纵向课题立项数相比 2020 年的 70 项增加了 83 项，同比增加 118.6%。资助经费总额达到 135 万元，同比增长 123.88%。获批教育部人文社会科学研究项目 3 项，国家级课题立项取得重大突破。发表高水平核心论文 35 篇，较 2020 年增加 14 篇。高质量科研成果数量稳步提升。2021 年授权专利 42 项，其中发明专利 3 项，授权数量增长明显，专利申请的质量及原创性得到较大提升。

8.2.3.2　服务产业发展能力不断加强

近年来，学校依托深厚的行业背景，区域优势明显，横向技术服务到账经费得到较大提升：2020年为72.6万元，2021年达到108.6万元，同比增长率近50%，其中，制造业、轨道交通、电子信息等行业的技术服务及产品的到账金额占总金额的69.1%，服务轨道交通装备制造行业的特色日益彰显。

8.2.4　经验总结

8.2.4.1　建立产学研协同育人机制

一是统筹安排教学资源与科研资源，教师通过课题的研究与成果的转化，把科研资源转化为人才培养资源。二是全面推进产学研合作协同育人，建立校企合作信息共享平台，促进产学研深度融合，实现校企资源的有效整合，提高科研育人的针对性和实效性。校企共同建立教学内容与产业技术革新联动更新机制，定期将新技术纳入教学内容。

8.2.4.2　探索实施科研助手制度

建立"科研导师库"，积极吸纳学生进入教师的科研团队担任科研助手，参与科研与技术创新工作。在教学过程中融入学生科研实践，形成科研启蒙和能力提升机制。引导学生在真实科研工作环境中开展研究性学习，激发学生的创新精神，培养学生的创新意识和能力。引导师生积极参与科技创新团队和科研训练活动，培养集体攻关、联合攻坚的团队精神和协作意识。

8.2.4.3　健全科研成果评价体系

完善科研评价标准，改进学术评价方法，建立符合学校特点、适应学校发展的科研评价制度，研究制定内容全面、指标合理、方法科学的科研成果评价体系。探索实施"科研工作抵兑教学工作量"等激励措施，激发科研与社会服务工作活力。开展科研育人先进典型团队评选，加大学术名家、优秀科研与技术创新团队先进事迹的宣传教育力度。

8.3 探索校企合作新模式，构建产教融合技术技能服务新平台

8.3.1 实施背景

湖南铁道职业技术学院紧跟轨道交通装备制造产业全球化、智能化、绿色化、信息化的发展趋势，围绕轨道交通装备智能化流程制造、个性化定制生产、全生命周期管理、网络在线支持服务等重点技术领域和方向，与中车株机、中车株所、广铁集团、长沙轨道交通集团、株洲轨道智谷、株洲职教城等行业领先企业和区域园区合作，以服务轨道交通装备制造产业链发展需求为目标，打造"两中心、一基地"的先进轨道交通装备智能制造技术技能创新服务平台。

8.3.2 主要做法

8.3.2.1 思路与理念

对接轨道交通前沿技术，校企共建"国家先进轨道交通装备创新中心"，高端研发"跟着做"；引领区域轨道交通装备制造与运维中小企业，共建轨道交通装备智能制造技术应用中心，技术应用"领着跑"；精准服务轨道交通产业园区和职教园区，组建轨道交通装备制造协同育人基地，双向育人"携手走"。实现"人才培养、技术应用、创新创业、产品研发、大师培育"五大功能。

8.3.2.2　设计与实施

积极参加国家先进交通装备智能制造创新中心建设，充分利用中车电力机车有限公司、中车电力机车研究所等企业资源优势，主动参与核心技术创新，瞄准轨道交通制造产业链中的高端装备(高速列车、智轨列车、磁悬浮列车等)，针对整车制造、核心部件、关键零部件等行业智能技术与新流程工艺研究，聚焦"列车远程智能诊断"和"制造与运维标准"两项技术与标准，形成完整的技术研发、标准体系和试验验证三大技术体系。

围绕车载电子电器、智能检测与控制、网络控制及故障诊断等领域进行深入研究，瞄准轨道交通装备制造行业中小微企业的技术研发、产品升级、工艺提升等方面，进行精准对接，解决实际项目中的技术问题。

充分发挥学校地处株洲市轨道交通装备制造千亿产业园区中心、毗邻中国电力机车摇篮的区位优势，与中车株机、中车株所等企业共建产业学院和轨道交通装备制造生产性实训基地，开展学生和员工的技术技能培训、认证等服务；与株洲职教园、职教城管委办联动，共建、创新创业中心，打造就业创业服务平台，实现校企园协同育人。校企共同打造轨道交通装备智能制造协同育人基地，实现双向育人"携手走"。

8.3.3　成果成效

8.3.3.1　校企双向双主体，构建先进轨道交通装备智能制造技术技能创新服务体系

与中车株机、中车株所、广铁集团、长沙轨道交通集团、株洲轨道智谷、株洲职教城等行业领先企业和区域园区共同构建了刘友梅院士工作站，王耀南院士团队高端智能制造技术研究中心，刘国友、陈高华中车科学家工作站，段树华、罗伟、严俊、粟慧龙株洲市名师工作室，肖乾亮、文照辉株洲市技能大师工作室，李云钢、李杨、叶晖、罗昔军校级技术技能大师工作室，以及技术应用研究所1个，校级科研与技术创新团队5个。

8.3.3.2 高端研发"跟着做"

"国家先进轨道交通装备创新中心"是 2019 年 1 月经国务院国家制造强国建设领导小组批准认定为轨道交通装备领域唯一的国家级创新中心。由中车株洲电力机车有限公司牵头，中车株洲电力机车研究所有限公司、中车株洲电机有限公司等 12 家企业联合出资 4.8 亿元组建。

学校积极参加国家先进轨道交通装备智能制造创新中心建设，充分利用中车电力机车有限公司、中车电力机车研究所等企业资源优势，主动参与核心技术创新，瞄准轨道交通制造产业链中的高端装备(高速列车、智轨列车、磁悬浮列车等)，针对整车制造、核心部件、关键零部件等行业智能技术与新流程工艺，聚焦"列车远程智能诊断"和"制造与运维标准"两项技术与标准，形成完整的技术研发、标准体系和试验验证三大技术体系，并推动相关研发成果的转化、推广，建成国内轨道交通装备创新示范基地。

8.3.3.3 技术应用"领着跑"

主要针对中车特种装备科技有限公司、株洲市沃尔新材料有限责任公司等轨道智谷企业的游览观光列车、40 吨折弯机、低速重载建筑运料小车等产品的核心控制技术进行开发；针对株洲中车电力机车配件有限公司、株洲机务段等制造与运维企业的客车车下电源装置大修工艺、机车电动刮雨器产品改造、机车门锁总成技术等方面的生产流程、工艺提升、管理水平提供服务与支持；针对株洲壹星科技股份有限公司、湖南高铁时代数字化科技有限公司等企业的机车车辆、城轨车辆、高速动车的试验实训装置设备提供全产品系统集成技术服务；同时研发 3D 虚拟城轨车站设备测控系统得到株洲市石峰区科技局 20 万元的研究经费。依托轨道交通装备智能制造技术应用中心，2021 年，省级及以上纵向科研课题立项 35 项，授权国家专利 50 余项，为区域内轨道交通装备制造类企业以及中小企业开展核心技术攻关、技术开发等"四技"服务 39 项，到账经费 224 万元，为企业创造了 2000 万元以上的经济效益。

8.3.3.4　双向育人"携手走"

充分发挥学校地处株洲市轨道交通装备制造千亿产业园区中心、毗邻中国电力机车摇篮的区位优势，与中车株机、中车株所等企业共建产业学院和轨道交通装备制造生产性实训基地，开展学生和员工的技术技能培训、认证等服务；与株洲职教园、职教城管委办联动，实现校企园协同育人；研究所（中心）在技术、产教合作模式、校企合作对接、专创融合的创新创业教育等方面开展深入研究。学校组建职业教育"讲师团"，为园区员工开展电工、钳工、焊工等技术技能培训，实施"送教上门"，安排了严俊、陈新喜、张克昌等教师为园区企业诊治疑难杂症，提供产品技术升级服务。严俊、段树华等老师进行了 3D 虚拟机床实训装置、3D 虚拟城轨车站设备测控系统等项目的研究，积累与企业同步或领先的应用技术，将 20 项技术成果转化为教学资源，实现了成果转化。

8.3.4　经验总结

打造了"两中心、一基地"的先进轨道交通装备智能制造技术技能创新服务平台；创新了校企双向双主体"院士引领、科学家主导、名师大师支撑"的先进轨道交通装备智能制造技术技能创新服务体系；实现了高端研发"跟着做"，技术应用"领着跑"，双向育人"携手走"。探索出校企合作新模式，构建出产教融合技术技能服务新平台。

将进一步依托"院士工作站""院士团队高端智能制造技术研究中心""中车科学家工作站""大师工作室"等，继续深化产教融合，使其更好地发挥"人才培养、技术应用、创新创业、产品研发、大师培育"五大功效，从而提高学校服务地方社会经济发展的能力，提升学校在轨道交通装备相关产品研发、检测、试制的综合研究应用水平。同时，进一步扩大对外交流和引领辐射作用。

8.4 "双师工作室"助力轨道交通装备制造，构建"三二一"产教融合双向育人新模式

8.4.1 实施背景

湖南铁道职业技术学院提出了打造世界一流的轨道交通制造业创新中心、世界一流的轨道交通装备制造中心、全国最大的轨道交通产业服务中心的目标，实施"制造强市七大工程"，着力优先发展轨道交通产业。作为中国最大的轨道交通装备产业生产研发基地，株洲目前已集聚了300多家轨道交通产业企业，形成了全球相对完备的集轨道交通产品研发、生产制造和营运维保、物流配套于一体的全产业链条，拥有先进轨道交通装备国家级制造业创新中心等110个创新平台。株洲市"段树华名师（劳模创新）工作室"成立于2018年，是株洲市首批名师。"段树华名师工作室"主动服务区域经济社会发展需求，为实现湖南省"三高四新"战略，以先进制造业为主攻方向，在轨道交通装备制造行业精准发力，构建产教融合新模式。段树华老师目前担任湖南铁道职业技术学院智能控制学院院长，全国职业技能竞赛裁判，湖南省电气控制专业委员会委员。该工作室有15名成员，成立以来，段树华获得湖南省政府特殊津贴专家、湖南省芙蓉教学名师、湖南省"百优工匠"、湖南省技术能手、湖南省五一劳动奖章获得者等多项荣誉。

8.4.2 主要做法与成果成效

8.4.2.1 协同联动，"三方"助推产教融合新模式

（1）为更好地推动职业教育高质量发展，株洲市职业教育协会整合政、校、企三方资源，提出了"让大师进校园、名师进企业"技艺技能传承工作思路，并按照"六有"标准——"有牌子、有办公用房、有工作经费、有工作人

员、有目标任务、有年终考核奖励"建设"双师工作室"。企业大师、职校名师在校、企交叉设置工作室，真正实现理论与实践的有机融合，有效拉动职业教育与地方产业的协同发展。

（2）段树华是湖南铁道职业技术学院轨道交通智能控制学院院长，2018年，以他的名字命名的名师工作室在位于田心高科技工业园内的株洲市沃尔新材料有限责任公司成立。走出校门，融入一线，名师的作用和影响力通过工作室不断放大。2020年该工作室被评为株洲市优秀工作室。2021年名师工作室领衔人段树华所带领的团队被认定为教育部第二批"全国高校黄大年式教师团队"。

（3）肖乾亮是中车时代电动有限公司职工技能大师、全国技术能手。2020年"肖乾亮大师工作室"在湖南铁道职业技术学院设立。肖乾亮大师毕业于湖南铁道职业技术学院2007级电气自动化技术专业，他还是段树华名师手把手教出来的高徒。

8.4.2.2　精准发力，"双师"促创技艺技能

（1）段树华经常带领教师团队到株洲市沃尔新材料有限责任公司，为公司进行产品研发。他研发的除冰机、一种ATC外围接口检测装置等5款产品填补了国内技术空白，还拥有专利4项；他有效地解决了中小企业发展的突破口，也为教师能及时跟踪行业前沿、全程参与产品研发提供了更多的锻炼机会；他带领学生为公司生产制造的40吨折弯机控制装置，为企业创利1700余万元，使学生能更多、更广泛地参与到真实的生产环节之中，从而对理论知识的消化和动手能力的培养都有极大帮助。2020年7月29日以段树华名师工作室为依托的田心高科产业学院挂牌，同时迎来了株洲市委副书记王洪斌、副市长杨胜跃等领导参观、视察该工作室。同时，段树华名师工作室成员为中车电机公司、中车特装公司企业员工的电工、电气装置等项目进行技能培训、技能竞赛指导，取得了国赛第八名、省赛第一名、市赛冠军的骄人成绩，培训人员达200人次。在2021年12月24日株洲市职业教育"双师工作室"建设现场经验交流会上段树华名师工作室作为第一个代表进行典型发言。

（2）肖乾亮每月都按时出现在校园中，他的言传身教常常让学生"着迷"。通过简单的导线制作，肖乾亮的讲解让学生看到了课堂教学与实际生产之间的差别。"原来在实际生产中，不能生硬地照搬课本上的公式，还要结合轨道交通装备电气连接工艺标准要求综合考量，不然只会导致产品不合格。"学生纷纷表示获益匪浅。肖乾亮还带领工作室成员参与技术攻关，他与学校教师共同研究的课题"3D虚拟实训操作系统开发"不但提高了学生的学习兴趣，更优化了学生实习实训流程，大大降低了实训成本。学校的不少教师都感慨，"大师工作室"的成立既让教学创新有了方向，又让专业水平上了新高度。

8.4.2.3　产业育人，"一条"筑梦高铁工匠新路径

湖南铁道职业技术学院毗邻株洲轨道交通科技城，发挥"前校后厂"区位优势，紧密对接轨道交通装备制造企业。与田心高科技工业园共建田心高科产业学院，采用"地方政府主导，园区企业参与，与田心高科技工业园共同运营管理"的模式，培养轨道交通装备制造产业的技术技能型人才。与中车株机共建"智能制造产业学院"、与中车株所共建"时代工匠产业学院"等并以其为载体，创新"校企双向嵌入式""双主体订单式""现代学徒制培养"三种育人体系，形成一条筑梦高铁工匠育人新途径。

8.4.3　经验总结

（1）以株洲市职业教育协会为纽带，整合、集聚政、校、企三方优势资源，搭建双师交叉互设互融有效机制。

（2）以"双师工作室"为引领，筑创轨道交通装备制造技艺技能，大师服务校园师生，名师服务企业产品开发。

（3）以区域"产业学院"为依托，校企协同育人，构筑轨道交通装备制造产业的工匠型技术技能人才。

8.5　大师引领，项目推动，落实铁道机车"三教"改革

8.5.1　实施背景

高质量的"双师型"教师队伍是实现职业教育高质量发展的有力支撑。只有根植于校企合作、产教融合，才能保证教师的业务素质和业务能力与时俱进，形成既有理论教学能力又有实践业务能力的"双师型"教师队伍。

湖南铁道职业技术学院新进教师主要来源于铁路类对口专业高校毕业研究生，在成长为"双师型"教师的过程中欠缺职业技术实践经验积累，虽然有企业实习，但基层实践时间短，缺乏技术技能沉淀和校企深度交流合作。

湖南铁道职业技术学院毗邻中车株洲电力机车有限公司，两者有着很深的历史渊源。中车株机是中国中车的核心子公司、中国高端装备制造业的代表企业、湖南千亿轨道交通产业集群龙头企业，国务院总理李克强来公司考察期间，评价该公司的产品是中国装备"走出去"的代表作。中车株机拥有一大批技术技能大师，机车组装调试班长谢光明是其中的佼佼者。他毕业于湖南铁道职业技术学院，对母校有着极深的感情。他曾获得全国五一劳动奖章、高铁工匠等荣誉，在业内具有一定影响力。

为了拉近学校基层和企业基层的距离，湖南铁道职业技术学院筹建谢光明技能大师工作室。在湖南铁道职业技术学院及中车株洲电力机车有限公司的各级领导全方位的支持下，谢光明技能大师工作室于 2018 年 12 月在湖南铁道职业技术学院挂牌成立（图 8-5、图 8-6）。至今短短几年间，谢光明技能大师工作室围绕铁道机车专业核心课程教学项目开发、教材教法改革、课程思政研究与实践、工匠文化传播和工匠精神弘扬、青年教师培养、技术创新、技能比武、实训室建设等方面有计划地开展了一系列卓有成效的工作，获得教师、学生、各级领导的好评和认可，荣获株洲市优秀技能大师工作室。

图 8-5　谢光明技能大师工作室揭牌仪式

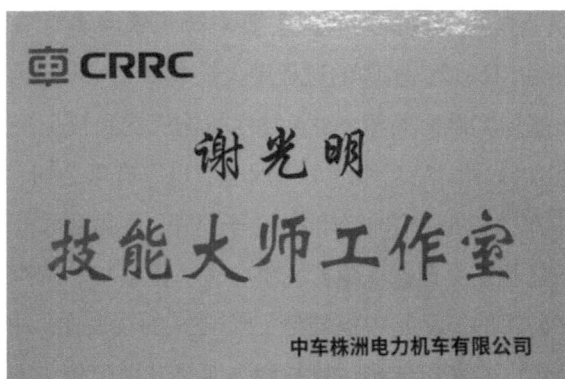

图 8-6　谢光明技能大师工作室（企业）

8.5.2　主要做法

8.5.2.1　搭建技术交流合作平台，服务教师双师素质培养

湖南铁道职业技术学院依托谢光明技能大师工作室，聘请企业技术技能大师，利用寒暑期，面向铁道机车车辆相关专业教师开展电力机车新技术培训、青年教师下企业实践培训等活动，企业大师到校讲理论、解疑惑，然后教师进入企业由谢光明大师等专家现场指导实践。此类培训效果显著，获得教师的高度认可。

湖南铁道职业技术学院依托谢光明技能大师工作室的科研创新团队，整合资源帮助青年教师孵化科研创新课题。晋永荣老师等成功立项湖南省教育厅科学研究项目"基于 Ahamdcar 模型的高速列车铰链式翼板制动性能研究""电磁轴承转子系统双参数非线性动力学特性研究"等，获得发明专利、实用新型专利 4 项等，此外还承接了株洲机务段库内动车电源改造项目等。

谢光明大师等一大批高铁工匠通过培训、科研等项目，与湖南铁道职业技术学院青年教师近距离深度交流合作，不仅使青年教师学习了新技术、新工艺，也加深了对新时代铁路精神、工匠精神的理解，帮助他们快速认识铁路行业、深入理解企业对人才的需求，树立自信心和责任感，积极投身职业教育教研工作，争当"四有好老师"（图 8-7、图 8-8）。

图 8-7　校内机车新技术培训现场

图 8-8　青年教师企业培训现场

8.5.2.2　解析岗位作业标准和内容，整合教学内容，开发教学项目

大师工作室搭建了校企合作新平台，整合了优质资源，并围绕工学结合的教学项目进行了开发。湖南铁道职业技术学院机车教研室教师走进中车株机的生产一线，与班组长、技术能手和工艺设计师一起交流研讨（图 8-9），分析岗位现场作业标准和内容，解构知识技能点，结合现场作业内容和标准整合教学内容，联合开发专业核心课程"电力机车电气设备的检查与维

护""制动机操作与维护"的教学项目，课程团队配套编写《电力机车控制》《制动机操作》等两本教材，分别于 2021 年、2022 年出版。大师工作室平台拉近了学校基层和企业基层的距离，为教学项目开发提供了新途径。

图 8-9　课程开发团队与班组长研讨机车调试工艺

8.5.2.3　深入研究职业能力形成要素，创新沉浸式教法，全面提升教师教研、思政能力

（1）创建车间班组管理教学模式。

谢光明技能大师工作室组建课改研究项目团队，深入研究职业能力形成要素和途径。谢光明大师多次带队走进企业一线，考察车间工作环境、班组管理与能力的形成关系等。现代化企业十分注重培养善于解决问题的团队和个人，同时，又尊重每一位员工的独立自主性。企业通过先进的管理机制，既鼓励员工实干、积极创新并攻坚克难，又帮助员工分解目标、解决问题，逐步达成目标，让员工对工作进度做自我评估。企业的这种工作关系和协助形式是值得职业教育院校学习和借鉴的。因此，湖南铁道职业技术学院借鉴企业班组管理制度设计了车间班组管理教学模式，在课堂上增加班前

会、班后会环节，让学生组队成为班组，学生分饰多种角色，在车间场景中以班组为单位完成真实任务、解决实际问题。教师还有机融入社会主义核心价值观、火车头精神、工匠精神、安全案例，将"动手即负责""严谨规范、安全优质""人人有改善的能力、事事有改善的余地"的工匠精神、铁路精神贯穿教学始终。

谢光明技能大师工作室打造的作品《受电弓检查与调试》荣获 2019 年全国职业院校技能大赛教学能力比赛一等奖(图 8-10、图 8-11)，且该作品在业内被广泛推广。

图 8-10　全国职业院校技能大赛现场

图 8-11　全国职业院校技能大赛获奖证书

(2)创建"六环"教学法。

湖南铁道职业技术学院成立课程思政研究项目团队,与谢大师等一批高铁工匠多次近距离交流,共同探究新时代铁路精神和工匠精神,通过座谈、调研、访谈等方法优化机车专业人才培养的价值体系,分析新时代铁路精神和工匠精神的内涵;挖掘谢光明等一线高铁工匠的精神世界,发掘思政元素,树立学习的楷模,开发典型思政案例,重构铁道机车专业课程的素养目标;同时,还开发了职业精神和工匠精神系列讲座(图8-12),对全院师生开展大国工匠进校园系列讲座活动,效果显著。

课程思政研究项目团队在"铁道概论"课程教学中,以关注铁路行业动态、学习身边的大师为主要抓手,整体设计了写心得、学榜样、讲事故、看工匠、谈理想、做反思等"六环"教学;在"电力机车电气设备的检查与调试"课程中开展"谢大师带您云游机车调试"的教学环节(图8-13),让学生近距离感受高铁工匠的魅力,切身感受"动手即负责""认真做好本职工作就会赢得别人的尊重""做就要做到极致"的工匠精神,树立"人民铁路为人民""兴路强国"的使命感,构建"职业无贵贱""三百六十行,行行出状元""劳动最光荣、劳动最崇高、劳动最伟大、劳动最美丽""精益求精、持之以恒、一丝不苟、守正创新"的职业观,帮助同学们形成"爱一事,择一行,干一生,乐一生"的人生观;在大师言传身教的作用下,引导广大师生见贤思齐,努力实现从"普通人"向"匠人"的飞跃,有效达成素养目标。"铁道概论"课程和"电力机车电气设备的检查与调试"课程整体设计获得湖南省职业院校思想政治教育教学能力比赛一等奖和三等奖,其中"铁道概论"课程入选2021年度教育部课程思政示范课程,项目团队入选教育部课程思政教学团队(图8-14),教改成果荣获2021年度湖南省教学成果特等奖。

图 8-12　发扬工匠精神讲座

图 8-13　"谢大师带您云游机车调试"课堂教学场景

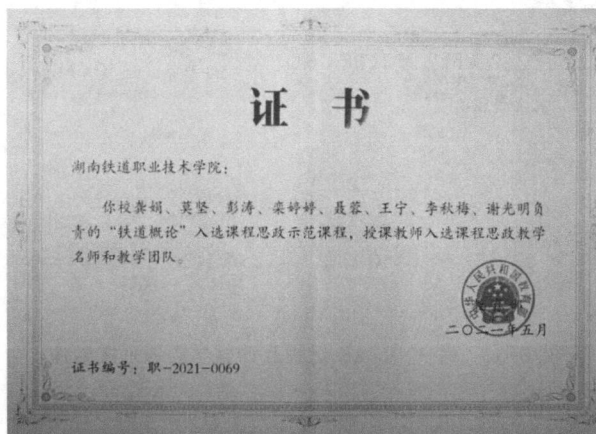

图 8-14　入选教育部课程思政教学团队

（3）探索 5G+VR/AR 的智能化、感知化、泛在化的智慧实训模式。

谢光明技能大师工作室组建项目团队深度参与 5G+VR/AR 虚拟仿真实训基地建设项目，积极参与方案设计、论证、调试等环节，探索基于 5G+VR/AR 下轨道交通专业实训教学内容的呈现方式、实训教学场景方式、学生的学习方式、教师的教学方式、师生互动方式的转变，研究创新轨道交通专业基于 5G+VR/AR 的智能化、感知化、泛在化的智慧实训模式（图 8-15）。

利用基于 5G 的现代远程教育条件，组织开展轨道交通专业各类虚拟仿真实训教学活动,与中车株洲电力机车有限公司开展远程协同实习实训试点,校企多点协同实训。

通过虚拟仿真实训室建设与教学实施,进一步提高教师的信息技术素养和教学能力,提升教师教育信息化教学创新能力,有效推进教育信息化课程改革。

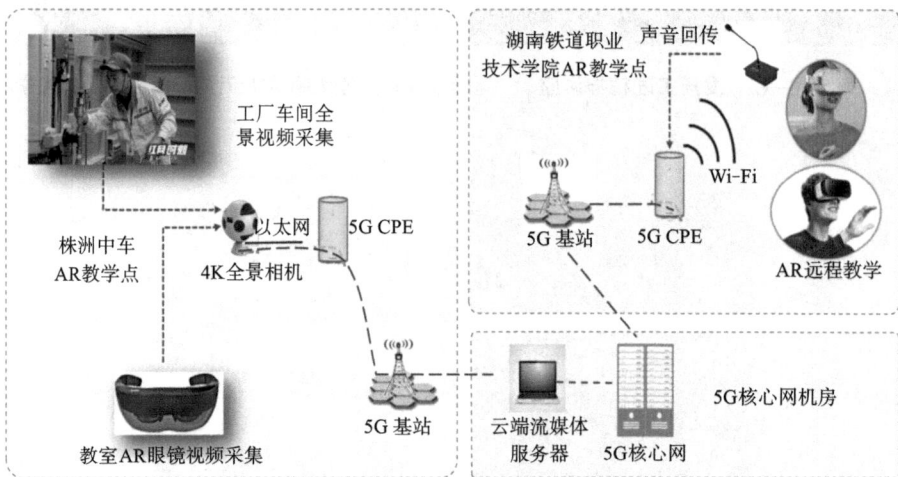

图 8-15　5G+VR/AR 远程互动教学实训系统架构

8.5.3　成果成效

谢光明技能大师工作室搭建了校企合作新平台,探索了新的沟通机制,为落实铁道机车专业"三教"改革提供了新途径,为铁道机车专业师资队伍建设提供新平台。近两年,取得一批教研教改成果,主要如下:

(1)开展各类师资培训 236 人次、讲座 12 次,参与人才培养标准研讨18 余次,参与实训室建设重大项目论证 6 次,重点培养双师型教师 4 人,已成长为专业主任 2 人;

(2)参与教学团队项目 2 个,建成教育部课程思政教学团队 1 个、国家级铁道机车创新团队 1 个;

（3）开展教材建设项目4个，已公开出版教材2本；

（4）开展铁道机车专业核心课程建设项目6个，建设教育部课程思政示范课程1门、省级精品在线课程3门、校级精品在线课程6门；

（5）参与各类教育教学比赛8项，累计获奖22人，其中国家级一等奖3人，省级一等奖9人。

8.5.4　经验总结

大师工作室搭建了校企合作新平台，集聚高技能人才，拉近了学校基层和企业基层的距离，增进学企基层交流，为落实教研教改、技术创新、技能培训等项目提供了新途径。

以项目为载体，运用新平台，集聚高技术高技能人才，围绕技术交流、技能传承、"三教"改革、课程思政等方面有序开展活动，每年形成了一批有价值的成果。短短几年间，协同攻坚克难，形成了一批有价值的教研教改成果，培养了一支高水平、高素质的铁道机车职业教育教学团队。

附录

附录一　湖南铁道职业技术学院青年科研骨干培养办法

为更好地实施人才强校战略，加强青年科研骨干教师培养，促进青年科研拔尖人才脱颖而出，特制定本办法。

第一章　总体目标

第一条　通过"公开选拔、择优支持、重点培养、动态考核"的方式，每年遴选 10 名左右在科研工作中做出优秀成绩的青年教师，为其搭建平台、创造条件，鼓励和支持其开展创新型研究工作。通过三年跟踪培养，促进青年教师快速成长，为中国特色高水平学校建设提供有力的人才支撑。

第二章　评选条件

第二条　热爱社会主义祖国，热爱教育事业，学术作风严谨，具有强烈的事业心和协作精神、良好的学术背景和发展潜力、较强的创新意识和拼搏奉献精神。

第三条 一般应具有硕士学位或副高级以上职称，年龄在 40 周岁以下（以申报当月计算），身心健康，具有较扎实的理论基础和专业技能，有稳定的科学研究方向，有强烈事业心的学校在职在岗青年教师，且符合下列条件之一：

1. 主持厅级（含）以上科研项目 1 项；

2. 在北大核心期刊（含）以上发表学术论文 1 篇（含）以上（会议论文除外）；

3. 主持横向项目累计实到研究经费：理工学科 10 万元以上，人文社科 5 万元以上；

4. 国家专利授权 1 项；

5. 国家计算机软件著作权 1 件。

第三章 遴选程序

第四条 教师本人申请，填写《湖南铁道职业技术学院青年科研骨干培养申请表》。

第五条 二级部门成立由主要领导、学术委员会的评审组，严格按基本条件对申请者进行资格审查，认真评议，择优推荐，签署推荐意见，汇总并报科研处。

第六条 按照平等竞争、择优选拔的原则，学校学术委员会评审，评审通过人选经公示无异议后报学校校长办公会议审议，确定培养对象。

第四章 培养对象的任务

第七条 培养对象在培养期间须完成以下任务中的任意 2 项：

1. 主持国家级科研项目 1 项，或主持省部级青年科研项目 1 项，或省部级科研项目 2 项；

2. 在北大核心期刊（含）以上发表学术论文 2 篇（含）以上（会议论文除外）；

3. 主持横向项目累计实到研究经费：理工学科 30 万元以上，人文社科 10 万元以上；

4. 获市厅级（含）以上哲学社会科学或自然科学成果奖 1 项；

5. 获市厅级(含)以上科学技术奖 1 项;

6. 授权国家发明专利 1 项。

第五章 培养措施

第八条 对培养对象的培养和管理由学校和所在二级学院(部门)共同负责。入选教师须与学校签订培养计划。培养计划由入选教师本人、所在部门和科研处协商拟订,再报学校批准后执行。

第九条 对于培养对象,学校在人才项目推荐、国(境)内外学术交流、业务进修等方面优先安排,为教师的成长和发展创造条件。

第十条 学校给予培养对象专项资助经费,理工学科 2 万元/年,人文社科 1 万元/年,资助经费按照学校科研经费管理相关规定开支。

第十一条 为帮助培养对象解决日常研究中遇到的问题和困难,按专业对口的原则,行政部门负责人或高级职称教师担任导师,与培养对象"师徒结对",即由师傅对培养对象进行一对一重点指导,辅导制定和实施培养方案(包括分年度的学习、进修、研究计划等),为他们提供潜心教学科研工作的良好条件与环境。

第六章 管理考核

第十二条 培养期限为 3 年,对考核和评估优秀的培养对象实行滚动培养。

第十三条 学校科研处负责青年科研骨干培养计划的具体组织实施及培养经费的日常管理工作,所在部门负责对培养对象在科研方面工作进行指导和跟踪管理。

第十四条 培养对象在受资助期间,前两年下拨资助经费的 70%。每年年底将年度进展报告并附相关材料经二级学院审核后报科研处。资助两年后,由科研处组织专家采取适当方式对受资助的科研骨干进行中期评估,并公布考核评估结果。若其在两年内取得明显进展,将予以继续资助;否则,将暂停资助。半年后仍未取得进展的取消其受资助资格,并追回资助经费的 50%。

第十五条 培养期间所取得的科研成果以学校为第一署名单位,是第一完成人。

第十六条　资助经费必须用于与申报项目有关的项目调研、学术会议、项目试验、学术论文出版支出，不得用于人员劳务费和其他无关的支出。

第十七条　资助计划结束后，培养对象必须填写《湖南铁道职业技术学院青年科研骨干培养考核表》，并附相关材料，由学校组织专家根据培养目标和要求对其进行考核和评估。

第十八条　出现下列情况之一者，直接取消青年科研骨干培养资格，并追回全部资助经费。

1.受党纪、政纪和法律处分；

2.治学态度不严谨，学术上弄虚作假，学术不端；

3.受资助期间年度考核不合格。

第七章　附则

第十九条　本办法自发布之日起实施。

第二十条　本办法由科研处负责解释。

附录二　湖南铁道职业技术学院职业教育名师工作室管理办法

根据国务院办公厅《关于深化产教融合的若干意见》(国办发〔2017〕95号)和相关政策文件精神,结合"双高校"建设要求,制定本办法。

第一章　总则

第一条　建立职业教育名师工作室旨在充分发挥科研教学人才在传授知识、科技攻关等方面的重要作用,推进校企密切合作、产教深度融合,促进地方产业升级发展和职业教育事业发展。各二级学院根据专业建设和教师培养要求,支持教师在相关企业设立职业教育名师工作室(以下简称"名师工作室")。

第二条　本办法所称的名师工作室,是经学校同意,以学校教师为带头人的、在企业或行业协会设立的名师工作室。

第三条　名师工作室在学校、所设企业或行业协会的领导和指导下,按照年度工作计划开展工作。

第二章　名师工作室设立条件

第四条　申请设立名师工作室的企业或行业协会应当具备以下条件:

1. 企业或行业协会主要负责人高度重视产教融合,支持名师工作室的建设。

2. 企业或行业协会能够为名师工作室提供必要的工作场所、办公设备、适当经费,并协助组织名师工作室团队。

3. 将名师工作室列入企业或行业协会年度工作考核内容。

第五条　名师工作室带头人应具备以下条件:

1. 遵纪守法,具有良好的职业道德和职业素养。

2. 具有副高及以上职称或高级技师(一级)职业资格。

3. 对所从事的专业领域具有较为深厚的专业理论水平和较为高超的技能水平,得到职业院校同行和行业企业同行的认可。

4. 对专业对口(对应)的行业企业的管理、生产、服务流程较为熟悉。

第三章　名师工作室申请认定程序

第六条　名师工作室由企业或行业协会与相关二级学院、名师工作室带头人协商后由名师工作室带头人提出设立申请。

第七条　申请名师工作室必须提供以下材料：

1.申请表(工作室所设企业或行业协会基本情况、工作室成立的必要性和现有优势、名师简介、业绩、工作室工作制度和计划目标)。

2.名师个人专业技术职称、职业资格证书和获奖荣誉证书复印件等。

第八条　名师工作室由学校组织专家对申请材料审核和现场考察，通过评估的名师工作室报学校校长办公会审批后授牌。

第四章　名师工作室职责与任务

第九条　名师工作室的职责和任务主要为：

1.传递科学精神。向行业企业员工传递与专业相关的科学理论知识、行业发展动态与趋势等。

2.传授专业知识。面向行业企业员工及学校师生开展与专业相关的培训活动，参与相关工种高技能人才队伍建设、技术技能竞赛等有关活动；参与行业企业开展的与专业相关的工种的评判工作，参与国家和国际本工种及相关工种技能竞赛；定向培养高技能人才。

3.参与企业创新。参与行业企业相关工种技能技术创新，攻克生产技术难题，推动产业升级和技术进步。

4.搭建合作平台。为校企合作、人才培养、技术交流、成果展示、学术活动提供平台，在行业企业营造学知识、比技能、崇尚科学的氛围。

5.开展科学研究。名师工作室设立期间要完成以下任务中的任意2项：

(1)成功申报省科技厅或省教育厅科技项目1项(含)以上；

(2)在中文核心期刊以及 CSCD、CSSCI 核心库来源期刊上发表学术论文1篇(含)以上；

(3)开展技术革新项目2项以上，横向项目经费到账10万元(含)以上；

(4)成功申请发明专利1项或实用新型专利2项(含)以上；

(5)推进科技成果转化和应用，为产业升级、企业发展创造显著的经济效益和社会效益。(科技成果转化和应用指新产品、新技术、新工艺已转化成成品、样机,技术得到推广应用等。)

第五章 名师工作室的考核与管理

第十条 名师工作室设立周期为三年。学校建立动态管理制度,对名师工作室实行日常管理、年度考核、期满总结评估。

第十一条 产教融合中心负责对名师工作室的日常管理、年度考核和期满评估工作。

第十二条 名师工作室建设和管理周期期满前三个月内,由产教融合中心组织相关专家组成考核组对名师工作室进行考核评估。考评合格者,继续认可名师工作室称号;考评不合格者,撤销名师工作室称号。

第十三条 名师工作室应按照企业或行业协会需要,根据确定的带徒目标、技术攻关项目等工作职责开展各项工作。要建立日常工作台账,如实反映开展各项活动、取得的业绩情况,建立各种影像资料等档案,以备现场考核评估查阅。每年年底,名师工作室向学校、所设企业或行业协会上报年度工作总结和下一年度工作计划。

第六章 保障支持

第十四条 名师工作室申报设立后,所设企业或行业协会安排适当启动资金,并在运行管理周期内,安排适当年度工作经费,以利于开展日常工作。

第十五条 名师工作室要通过服务企业、技术服务(横向项目)等相关活动,取得运行经费支持。横向项目按《湖南铁道职业技术学院横向课题管理办法(修订)》(湖铁院教〔2017〕37号)文件执行。

第十六条 对工作成绩突出、年度考核评估结果为"优良"及以上的名师工作室,优先推荐市级及以上名师工作室认定。

第七章 附则

第十七条 本办法由产教融合中心负责解释。

附件:

湖南铁道职业技术学院职业教育名师工作室申报表

附件：

湖南铁道职业技术学院
职业教育名师工作室申报表

工作室名称：

工作室带头人姓名：

所设企业或行业协会：

填报日期　　年　月　日

湖南铁道职业技术学院产教融合中心制

填表说明

1. 本表由名师工作室主持人负责填写。

2. 申报内容要内容真实、突出重点。

3. 参与的企业(行业协会)、工作室成员可根据实际情况加行填报。

4. 本表应用 A4 纸正反打印,一式两份。

5. 上报本表时,须附名师工作室主持人的专业技术职称证书、职业资格证书、荣誉证书、身份证等材料的复印件,不得弄虚作假。

工作室带头人基本情况

姓名		性别		民族	
出生年月		参加工作时间		政治面貌	
身份证号码			联系电话		
从事职业（工种）			职业技能等级		
工作单位			岗位/职务		
工作简历					
主要工作业绩 和荣誉					
工作室成立的 必要性和可行性 说明					

工作室基本情况

工作室全称		工作室面积	
工作室地址		工作室的 专业（工种） 领域方向	

续上表

	姓名	性别	年龄	职称/职务	学历/学位	工作单位	专业/工种方向
工作室团队成员							

工作室目前具备的条件	
工作室成立后的三年工作规划	

所设企业基本情况

单位全称		组织机构代码	
单位性质	□企业(□国有企业、□集体企业、□国有控股企业、□民营企业、□合资企业、□外资企业)□事业单位□社会团体□其他:		
主管部门		行业类别	
联系人		联系电话	
通信地址		E-mail	

续上表

所设企业简介	
工作室所设企业对工作室的支持措施	
所设企业意见	（盖章） 年　月　日
带头人所属二级学院对工作室的支持措施	
带头人所属二级学院意见	（盖章） 年　月　日
学校意见	（盖章） 年　月　日

附录三　湖南铁道职业技术学院科研创新团队建设与管理办法

为进一步提升教师的专业水平和科研能力，提高教学质量和人才培养水平，充分发挥团队效应，提升学校的科研自主创新能力和核心竞争力，鼓励和支持我校科研人员积极从事新兴学科、交叉学科和应用技术的研究，从体制和机制上保证努力创新的科研人才和团队从事开拓性和原创性研究，特制定本办法。

第一章　建设目标

瞄准具有发展前景和可预期产生重要学术成果和应用价值的专业领域或研究方向，打造学术梯队，凝练学术特色方向，培养优秀学术带头人和优秀创新人才群体，鼓励协同创新，通过打造优秀科研创新群体，力争在相关研究领域取得高层次和高水平的学术成果、产生较大学术影响。

第二章　申请条件

1.科研创新团队负责人必须在某一专业领域具有一定影响力，有较高的专业水平、教学科研水平及创新性学术思想，掌握本专业最新发展动态，学风严谨，品德高尚，具备广阔的学术视野、较高的学术造诣和良好的组织协调能力；具有正高级职称或博士研究生学历的副高级职称；近三年曾主持过省部级（含）以上科研项目至少2项。

2.科研创新团队成员应在相关研究领域已取得较突出的研究成果，或在相关研究领域显示出明显的创新能力和研究优势。科研创新团队的核心成员一般不超过10人，有合理的专业、职称、学历、年龄结构，提倡学科交叉和能力互补，鼓励跨院（部）、跨专业联合组建研究团队。创新团队核心成员近三年曾主持过省级以上科研项目至少4项。

3.科研创新团队要有稳定的研究方向，研究方向符合科技与社会经济发展的战略目标；研究课题具有可预期的学术创新价值或应用价值，能产生较大影响的研究成果。

4. 科研创新团队应是在合作基础上自然形成的研究集体,具有相对集中的研究方向、共同关心的科学问题和良好的科研合作基础。对简单拼凑的"团队"不予支持。

5. 团队负责人只能申报 1 个科研创新团队;团队成员可以最多同时参加 2 个创新团队(含已立项建设团队)。团队负责人及核心成员必须是校内在职在编人员。

第三章　申报与审批

1. 学校原则上每两年组织一次科研创新团队的申报工作。

2. 根据专业建设和社会经济发展实践的需要,由学校确定重大研究领域或重点研究方向,或由科研创新团队申报人自选研究方向。

3. 由申报组建科研创新团队的负责人填写《湖南铁道职业技术学院科研创新团队申报表》(见附件 1),经团队负责人所在部门推荐,报学校科研处。

4. 科研处对申报的科研创新团队名单进行资格初审,对符合申报基本条件的,将组织专家或提交校学术委员会进行评审。必要时,可组织科研创新团队的申报人进行评审答辩。经评审或答辩后,提出候选科研创新团队名单。

5. 学校审议并最终确定拟资助组建的科研创新团队名单。

6. 入选的科技创新服务团队与学校签订《湖南铁道职业技术学院科研创新团队建设任务书》(以下简称任务书)(见附件 2),任务书经相关部门审核并签署意见后上报科研处,作为管理与考核的依据。

第四章　科研创新团队资助与管理

1. 科研创新团队是科研人员自愿组织的学术研究团队,不享有任何独立行政机构编制和人员编制。

2. 对获准组建属于人文社科研究领域的科研创新团队,在三年的建设期内学校给予不少于 6 万元的研究经费资助;属于工程及科学技术研究领域的科研创新团队,在三年的建设期内学校给予不少于 8 万元的研究经费资助。

3. 科研创新团队资助经费分三期拨付。第一期(启动时)拨付 30%,第二期(中期考核合格后)拨付 30%,第三期(终期考核合格后)拨付 40%。

4.对于确实在所属领域具有重大学术突破、开展原创性科学研究的科研创新团队，依据科研创新团队的原创性研究学术价值的高低，学校将对其加大资助力度。对属于人文社科研究领域的科研创新团队最高资助经费可达10万元；对属于工程及科学技术研究领域的科研创新团队最高资助经费可达15万元。

5.科研创新团队经费实行预算管理，经费的开支比例严格按照预算比例报销，具体的经费使用范围和使用流程参照《湖南铁道职业技术学院科研经费管理办法(修订)》。

6.科研创新团队实行团队负责人负责制。科研创新团队依托学校负责资助期内的管理、协调和服务工作，科研处组织有关专家负责科研创新团队资助论证和检查验收的评审工作。建设期内，团队负责人要在每年度末向科研处提交团队年度工作总结。

第五章　科研创新团队工作任务与考核

1.科研创新团队的建设周期为三年，在第二年末进行中期考核，在第三年末进行终期验收。科研创新团队成员的科研成果必须是在团队成立之后完成，以第一作者并且在考核周期内公开发表的，与团队研究方向一致。严禁一切学术不端行为，一经发现，立即取消科研创新团队资格，并依据相关规定进行处理。

2.科研创新团队在资助期内所完成的成果在公开发表时须标注："湖南铁道职业技术学院科研创新团队建设资助"。

3.科研创新团队中期考核评价应至少完成以下5项科研任务中的2项为合格：

(1)公开发表学术论文8篇以上，其中在权威期刊[含 SCI、EI、SSCI、A&HCI 收录(源刊)，《中国科学》《新华文摘》《中国社会科学文摘》等期刊或全文转载]和核心期刊(含北大中文核心，CSCD、CSSCI 核心库来源期刊，《中国人民大学复印报刊资料》《高等学校文科学报文摘》等全文转载)发表的论文达到一定数量：人文社科类团队1篇以上，工程及科学技术类团队2篇以上。

（2）在国家级出版社公开出版高水平专著1部。

（3）获准立项省部级及以上课题1项；或市厅级课题3项；或承担横向项目到账经费达到以下额度：人文社科类团队10万元以上，工程及科学技术类团队20万元以上。

（4）获省部级及以上科研成果奖三等奖及以上1项；或获市厅级科研成果奖二等奖及以上1项。不含论文、著作等专项奖。获奖成果以政府部门公章为准。

（5）以第一发明人获授权发明专利1件；或授权实用新型专利4件；或省部级及以上领导肯定性批示1件。

4.科研创新团队建设期满后，应初步建立一支结构合理，有较强研究能力，学术研究特色明显，达到或接近国内该研究领域前沿水平，在国内有一定学术影响的研究队伍。同时应完成以下五项科研任务中的两项为合格：

（1）公开发表学术论文12篇以上，其中在权威期刊［含SCI、EI、SSCI、A&HCI收录（源刊），《中国科学》《新华文摘》《中国社会科学文摘》等期刊或全文转载］和核心期刊（含北大中文核心，CSCD、CSSCI核心库来源期刊，《中国人民大学复印报刊资料》《高等学校文科学报文摘》等全文转载）发表的论文达到一定数量：人文社科类团队3篇以上，工程及科学技术类团队4篇以上。

（2）在国家级出版社公开出版高水平专著2部。

（3）获准立项省部级及以上课题2项；或市厅级课题6项；或承担横向项目到账经费达到以下额度：人文社科类团队15万元以上，工程及科学技术类团队30万元以上。

（4）获省部级及以上科研成果奖三等奖及以上2项；或获市厅级科研成果奖二等奖及以上2项。不含论文、著作等专项奖。获奖成果以政府部门公章为准。

（5）以第一发明人获授权发明专利2件；或授权实用新型专利8件；或省部级及以上领导肯定性批示2件。

5.对中期考核为合格的科研创新团队，下拨第二期资助经费；对考核为不合格的科研创新团队，扣发第二期资助经费。对于中期考核不合格但仍有资助必要的，最多只下拨第二期资助经费的 50%。对终期考核为合格的科研创新团队，下拨第三期资助经费。如有第二期资助经费被扣发情况，则予以补发；对终期考核为不合格的科研创新团队，停发第三期资助经费。

6. 科研创新团队在终期验收合格后，可继续申报新一轮的资助。

附件：

1. 湖南铁道职业技术学院科研创新团队申报表

2. 湖南铁道职业技术学院科研创新团队建设任务书

附件 1：

湖南铁道职业技术学院
科研创新团队申报表

团队名称：

负 责 人：

依托学院：　　　　　　　　　　　（公章）

资助期限：　　年　月　至　　年　月

联 系 人：

联系电话：

填写日期：　　年　月　日

湖南铁道职业技术学院科研处制

承诺书

申报人的承诺：

本人对填写的本表各项内容的真实性负责，保证没有知识产权的争议。如获批准，我承诺以本申报书为有约束力的协议，遵守湖南铁道职业技术学院的有关规定，不断加强团队建设，努力提高科研创新能力。

申报人(签字)：

年　月　日

一、团队概况

团队名称								
主要研究领域								
团队总人数		正高人数		副高人数		博士人数		35 岁以下人数

团队负责人	姓名		性别		年龄		学历学位		职称	
	研究领域与研究专长									
	主要学习、工作经历									
	人才荣誉									
	学术兼职									

团队成员	姓名	所在单位/部门	出生年月	学历/学位	职称	研究专长

二、团队近三年相关领域科研与技术服务情况

(一)总体概况

科研项目	纵向课题(项)		横向项目	
	国家级	省部级	数量(项)	产生经济效益(万元)
	市厅级	其他	经费(万元)	
发表论著	期刊发表(篇)	论文集(篇)	专著出版(册)	编写教材(册)
	国际	国际	单著	主编
	国内	国内	合著	参编
专利及成果转化	申请(项)	已授权(项)	国际(项)	国内(项)	经济效益(万元)
科研成果奖励(等次、项)(例:二等奖一项)	国家级		省部级	
	市厅级		其他	

(二)团队负责人近三年主要成果和项目

1.承担的重要科研课题或横向项目

序号	项目名称	资助经费(万元)	起止年月	角色	项目来源单位(主管部门)

2.发表的重要论著及论文收录情况

序号	论文、专著名称	学术期刊社或出版社名称	发表时间	排名	引用次数

3.科研成果奖励情况

序号	获奖项目名称	奖励类别(等级)	授予单位	获奖时间	排名

4.授权发明专利及转化情况

序号	专利名称	专利号	授权日期	授权国家或地区	第一发明人	经济效益(万元)

(三)团队成员近三年主要成果和项目

1.承担的重要科研课题或横向项目

序号	项目名称	资助经费(万元)	起止年月	主持人	项目来源单位(主管部门)

2.发表的重要论著及论文收录情况(限填第一作者或通讯作者)

序号	论文、专著名称	学术期刊社或出版社名称	发表时间	作(著)者	引用次数

3.科研成果奖励情况

序号	获奖项目名称	奖励类别(等级)	授予单位	获奖时间	获奖人	排名

4.授权发明专利及转化情况

序号	专利名称	专利号	授权日期	授权国家或地区	第一发明人	经济效益（万元）

三、团队建设基础及建设方案

①研究背景、培育意义；②国内外研究现状；③本团队研究方向、主要内容、研究水平及优势；④总体目标；⑤研究规划及措施；⑥预期成果；⑦保障条件等。

分年度建设计划进度表	

四、经费预算

序号	经费开支科目	内容	金额（万元）	占比（%）	备注
1	设备费				
2	材料费/测试化验加工费/燃料动力费				
3	出版印刷、文献资料、信息传播、数据采集、知识产权费等				
4	会议费/差旅费/国际合作与交流费				
5	劳务费/专家咨询费				
6	其他支出				
	总计				

五、所在单位(部门)意见

(对创新团队的科研业绩、创新潜力等方面的评价，审核推荐意见以及在创新团队获资助后将提供的支持与保障)

负责人：　　　　公　章：

年　月　日

六、科研处审核意见

部门主管：　　　　　部门公章：

年　月　日

七、评审意见

评审专家组(负责人)：

年　月　日

八、学校意见

校领导(签章)：

年　月　日

附件2：

湖南铁道职业技术学院
科研创新团队建设任务书

团队名称：

负 责 人：

依托学院：　　　　　　　　　（公章）

资助期限：　　年　　月　至　　年　月

联 系 人：

联系电话：

填写日期：　　年　　　月　　　日

湖南铁道职业技术学院科研处制

填写说明

1. 填写本表前，认真学习《湖南铁道职业技术学院科研创新团队建设与管理办法》，按要求填写相关内容。

2. 团队要进一步凝聚建设方向，团队研究的主要内容必须与团队的研究方向一致。

3. 制定的团队建设计划要具体可行，建设目标和预期成果要全面、有量化指标、可考核。

4. 建设任务书经审批通过后，方可进入建设实施阶段，并作为团队建设考核的依据。

5. 本表用 A4 纸双面打印，一式三份，所在单位（部门）、团队、科研处各一份。

一、团队概况

团队名称							
主要研究领域							
团队总人数	正高人数		副高人数		博士人数		35岁以下人数

团队负责人	姓名		性别		年龄		学历学位		职称	
	研究领域与研究专长			所在单位（部门）			联系电话			

	姓名	所在单位/部门	出生年月	学历/学位	职称	研究专长
团队成员						

二、团队建设目标、主要内容和预期成果

三、年度实施计划、绩效考核指标

四、经费预算

序号	经费开支科目	内容	第一年	第二年	第三年
1	设备费				
2	材料费/测试化验加工费/燃料动力费				
3	出版印刷、文献资料、信息传播、数据采集、知识产权费等				
4	会议费/差旅费/国际合作与交流费				
5	劳务费/专家咨询费				
6	其他支出				
	总计				

五、任务书签署

团队负责人承诺：

团队负责人(签字)：

年　月　日

所在单位(部门)意见：

负责人(签章)：

年　月　日

学校意见：

主管校长(签章)：

年　月　日

附录四 关于合作组建"湖南职业教育帮扶联盟"的邀请函

_____：

为深入贯彻习近平总书记乡村振兴战略思想、党的十九大和全国职业教育大会精神，认真落实《国家职业教育改革实施方案》(国发〔2019〕4号)等文件精神，全面落实省委、省政府乡村振兴决策部署，充分发挥职业教育优势，践行"三高四新"战略，服务乡村振兴，进一步凝聚省内优质高职院校和中职学校共同力量，携手推进高质量发展，助力省内欠发达地区发展和乡村振兴，打造职业教育和培训资源集成和共享平台，聚集多方力量协同创新育人新模式，推动湖南省职业教育高质量发展，湖南铁道职业技术学院拟牵头联合湖南省内职业院校共同筹备成立"湖南职业教育帮扶联盟"(以下简称"联盟")。

"联盟"的主要任务是开展师资培训、专业建设、联合培养、职业培训、职业教育专题研究。"联盟"实行理事会制，理事会下设秘书处和若干专家委员会。"联盟"在湖南省教育厅职业教育与成人教育处的支持和指导下开展工作。湖南省内各职业院校均可自愿申请加入。现诚邀贵校共建"湖南职业教育帮扶联盟"，请将登记表填写后加盖单位公章，于5月8日前将纸质件或电子邮件反馈至湖南铁道职业技术学院。"联盟"初定于2021年5月下旬(全国职教宣传周)举行成立大会，具体时间另行通知。

邮寄地址：湖南省株洲市石峰区田心路18号湖南铁道职业技术学院继续教育学院

邮编：412001

电子邮箱：4796855@qq.com

联系人：黄亮

联系电话：073122434241

附件:

1. 湖南职业教育帮扶联盟会员单位申请表
2. 湖南职业教育帮扶联盟章程(讨论稿)

附件1：

湖南职业教育帮扶联盟会员单位申请表

单位名称				
网址			邮编	
联系地址				
法人代表		职务		
单位类别	□中职学校（公办）　　□高职学院（公办） □中职学校（民办）　　□高职学院（民办）　　□其他			
单位联络人		部门		
座机		职务		
手机		E-mail		

单位简介：

单位负责人签字：

申请单位(盖章)：　　　　　　　　　　　　　　　　年　月　日

附件2：

湖南职业教育帮扶联盟章程(讨论稿)

第一章 总则

第一条 为加强本联盟管理，确保本联盟规范开展工作，根据国家相关法律法规和相关政策，制定本章程。

第二条 本联盟的名称为"湖南职业教育帮扶联盟"。

第三条 本联盟是在湖南省教育厅职业教育与成人教育处的支持和指导下，由省内职业院校自发形成的、不具备法人资格的公益性民间组织。

第四条 本联盟旨在以习近平新时代中国特色社会主义思想为指导，充分发挥职业院校人才优势和专业优势，有效服务湖南"三高四新"和乡村振兴战略，建立由湖南省教育厅全面统筹、中高职院校深度参与、校地紧密合作、校校对口帮扶的职业教育帮扶机制，实施欠发达地区职业教育攻坚计划、优质职业院校对口帮扶计划、欠发达地区职业院校教师素质提升计划、欠发达地区技术技能支持计划、职业院校师生社会实践服务计划等"五大计划"，助力欠发达地区产业发展和乡村振兴。

第五条 本联盟接受湖南省教育厅职业教育与成人教育处业务指导，发起单位为湖南铁道职业技术学院，地址为湖南省株洲市石峰区田心路18号。

第二章 目标

第六条 建立优质高职院校和欠发达地区中职学校命运共同体，深化校校合作，发挥成员各方优势，打造职业教育和培训资源集成和共享平台，聚集多方力量创新协同育人新模式，推动湖南省职业教育高质量发展。

第三章 任务

第七条 开展师资培训：通过"线上+线下"方式，联盟内优质高职院校为中职学校提供教师教学能力、信息化应用能力、课程开发等培训。

第八条 开展专业建设：组建专业指导团队为中职学校提供专业设置、专业动态调整、专业人才培养模式改革、科研指导等咨询和指导服务。组建课程团队为中职学校提供课程开发、课程资源建设、实训基地建设、在线开放课程建设等指导服务，不定期到校进行现场指导。

第九条　开展联合培养：在湖南省教育厅政策支持范围内，联盟内的优质高职院校面向联盟内的中职学校专门设立单独的对口升学招生计划，实现"中高职衔接"和"中高本试点"。在单独招生中设立"扶贫专项"计划。

第十条　联合开展职业培训：在联盟内的中职学校设立"职业培训站"，面向中职学校所在区域的农民工、退伍军人和下岗职工开展各类技术技能培训。区域内社会人员在"职业培训站"获得的培训证书可以置换为联盟内中职学校和高职院校相关专业的课程学分，联合探索实践"1+X"证书制度试点（即参训人员通过分散时间段获得多个职业技能等级证书，再到学校集中学习一段时间获得学历证书）。

第十一条　开展职业教育调研与专题研究。

第四章　组织机构

第十二条　联盟组织机构包括理事会、常务理事会，常务理事会下设秘书处，另根据需要设相关专家委员会。

第十三条　联盟全体成员组成联盟理事会。理事会是联盟的最高权力机构，理事会须有三分之二以上的理事（或理事代表）出席方能召开，原则上每年召开一次，其决议须经到会理事半数以上表决通过方能生效。其主要职权为：

（1）审议联盟发展规划和工作方针；

（2）审议通过联盟理事或常务理事提出的议案；

（3）审议常务理事会年度工作报告；

（4）选举和任免理事长、副理事长、常务理事、秘书长、副秘书长；

（5）审定和修改联盟管理制度；

（6）决定联盟工作组的设定；

（7）监督联盟资金使用、项目实施；

（8）决定联盟的变更和终止；

（9）决定其他重大事宜。

第十四条　联盟设常务理事会。常务理事会是理事会的执行机构。常务理事人数一般不超过理事人数的三分之一，理事长、副理事长和秘书长为常务理事会成员，任期三年。常务理事会可根据需要定期或不定期召开，在理事会闭会期间常务理事会行使理事会职权。根据工作需要，常务理事会会议可邀请有关机构的负责人列席。常务理事会会议的议案及其他需要决定的事项，须经到会的三分之二成员通过，或以通信方式通过方能生效。

联盟首届理事长、副理事长由联盟发起单位酝酿协商人选，由理事会选举产生。

常务理事会的职责为：

(1)执行联盟理事会决议；

(2)制订联盟发展规划和年度工作计划并向理事会报告；

(3)实施联盟年度工作计划；

(4)审议和接受新的成员单位；

(5)决定理事会召开的时间、地点和审议的主要内容；

(6)提名理事长、副理事长、秘书长、副秘书长；

(7)决定专家委员会主任、副主任的聘任；

(8)制订联盟管理制度；

(9)决定其他重大事项。

第十五条　本联盟设立秘书处作为日常办事机构。设立秘书长一名，副秘书长若干名，秘书长和副秘书长人选由常务理事会提名产生，实行理事长领导下的秘书长负责制。其主要职权为：

(1)执行理事会、常务理事会的各项决议，负责组织、管理、协调联盟的各项工作；

(2)负责联盟理事会会议、常务理事会会议的筹备和召开；

(3)起草联盟年度工作计划并组织实施；

(4)负责联盟成员加入与退出申请的受理；

(5)负责联盟与外界合作项目的组织对接工作；

(6)负责媒体宣传、展会推广、交流研讨等工作；

(7)负责办理联盟理事会、常务理事会交办的其他事项。

第十六条　从联盟成员单位中遴选和聘任专家团队，完成联盟有关任务。

第五章　会员权利与义务

第十七条　本联盟由单位会员组成。

第十八条　入会条件：有加入本联盟的意愿，办学行为规范，能够履行会员义务，积极参加联盟活动的湖南省优质高职院校和欠发达地区各类中职学校。

第十九条　入会程序

(1)向联盟秘书处提交入会申请表；

(2)由联盟秘书处初审后报常务理事会；

(3)常务理事会审议通过，办理相应程序后成为联盟会员。

第二十条　会员享有下列权利：

(1)可推荐一名代表担任联盟理事；

(2)可参加联盟组建的工作组；

(3)可承接联盟接到的工作或合作项目；

(4)可以获得联盟面向全体会员统一发布的资讯信息；

(5)可以参加联盟面向全体会员组织的会议；

(6)可以享受联盟提供的相关服务；

(7)按联盟规定监督联盟的重大事宜。

第二十一条　理事长、副理事长单位会员除享有普通单位会员的权利外，还享有以下权利：

(1)可提名理事长、副理事长、秘书长人选；

(2)可优先推荐联盟组建的工作组的负责人；

(3)可优先承接联盟接到的工作或合作项目并优先享受帮扶资源；

(4)在联盟开展的宣传活动中享有优先展示机会。

第二十二条　副理事长、常务理事单位会员由理事单位会员根据权利义务要求自主申请担任，理事长单位会员由牵头发起单位担任。

第二十三条　会员履行下列义务：

（1）执行本联盟决议；

（2）全力维护联盟的权益和声誉，不得从事有损联盟声誉的活动；

（3）完成联盟委托的信息报送等工作，积极参加联盟组织的各类活动；

（4）指定专人负责同联盟秘书处联系，以利开展日常工作；

（5）理事长、副理事长单位会员在联盟活动的开展中，应较其他单位会员承担更多义务，有责任为联盟组织相关活动、筹措经费提供支持，并协助联盟组织开展调研、科研等工作。

第二十四条　会员退会

（1）会员退会自由，退会时应书面通知联盟秘书处，办理好有关手续后终止会员资格；

（2）被教育行政部门取消办学资格的成员单位，其会员资格自动取消；

（3）会员单位累计三次无故不参加联盟活动的，其会员资格自动取消。

第二十五条　会员如有严重违反本联盟管理办法的行为，经理事会或常务理事会表决通过，予以除名。

第五章　经费及使用

第二十六条　本联盟日常运转经费由理事长单位承担。

第二十七条　本联盟开展活动的经费由承办活动的理事单位承担。

第二十八条　本联盟活动中形成的知识产权、标准等，其归属、使用按国家有关规定执行。

第六章　附则

第二十九条　本章程经联盟发起单位共同签署即生效，章程通过之日即联盟正式成立之日。

第三十条　本章程未尽事宜或有关条款的修改，由联盟秘书处提出补充或修改意见，呈报联盟理事会审议通过。

第三十一条　本章程的解释权属湖南职业教育帮扶联盟。

附录五　湖南铁道职业技术学院横向项目管理办法(试行)

第一条　为充分调动我校教职员工开展应用研究和技术创新的积极性,提高学校社会服务整体水平,规范横向项目管理,根据《中华人民共和国民法典》、《国务院关于优化科研管理提升科研绩效若干措施的通知》(国发〔2018〕25号)、《国务院办公厅关于抓好赋予科研机构和人员更大自主权有关文件贯彻落实工作的通知》(国办发〔2018〕127号)、《中共教育部党组关于抓好赋予科研管理更大自主权有关文件贯彻落实工作的通知》(教党函〔2019〕37号)、《湖南省科学技术厅、湖南省教育厅、湖南省财政厅印发〈关于加强横向科研项目管理规范化的指导意见〉的通知》(湘科发〔2021〕35号)等相关文件精神,结合学校实际,特制定本办法。

第二条　本办法所指横向项目是学校接受有关政府部门、企事业单位、其他社会组织或个人委托,签署合同开展合作研究、委托研究、技术开发、技术咨询、技术服务、决策咨询、成果转化等。

第三条　横向项目由科研处统筹管理,主要负责项目的立项与过程管理,配合财务处做好项目经费管理工作。项目负责人所在二级单位或部门负监督责任,主要负责对委托方(合作方)的单位资质和履约能力、教职员工承担课题的能力、课题执行和完成情况进行审核与监督。

第四条　横向项目实行项目负责人负责制。项目负责人对合同签订、项目实施、经费使用、项目结题及归档等全过程负直接责任。依法依规使用科研经费,自觉接受上级和学校相关部门的监督检查,并在科技服务活动中维护学校权益。

第五条　横向项目管理坚持合同约定优先和自主规范管理相结合的原则,合同有明确约定的,按合同约定执行;合同没有约定的,按委托方要求和本办法执行(项目主管部门另有要求的从其规定)。

第六条　横向项目实施前应按《中华人民共和国民法典》的规定,在明确双方权利义务的基础上，按程序签订书面合同。合同内容应包括（但不限于）科研项目名称、合同主体名称、研究任务、资金投入和支付方式、资金用途、知识产权归属、权益分配、结题（验收）要求、风险责任承担、违约条款等合同主体各方的权利与义务。合同文本推荐采用科技部印发的《技术合同示范文本》。采用其他书面合同文本的，应当符合《中华人民共和国民法典》的有关规定。

第七条　横向项目立项管理流程：

1. 项目负责人拟定横向科研项目合同书，填写《湖南铁道职业技术学院横向项目合同前置审核表》（附件1），项目负责人所在部门审核通过后交科研处。

2. 项目负责人通过学校 OA 办公系统发起经济合同审批流程，提交委托方已签章（含骑缝章）的合同扫描件。

3. 学校审批通过后，项目负责人持合同原件一式四份（如需办理技术合同认定登记，则需准备五份）经学校法定代表人/委托代理人签字后到党政办办理合同盖章，形成正式合同。

4. 项目负责人签订《湖南铁道职业技术学院科研人员科研诚信承诺书》（附件2），连同签署完毕后的合同书原件各一份报送科研处存档备案。

第八条　对于境外来源横向项目，项目负责人要提交项目申报书或合同（必须包括项目名称、项目组成员、研究方法、拟提交成果形式和主要内容），科研处对项目的合作对象、合作内容、资金来源、合同签署等进行严格把关。属于外国政府资助的项目，要注明是否有政府间合作协议。项目内容若涉及境外、我国港澳台地区、民族、宗教及意识形态等方面的，则由国际交流处、宣传统战部等相关部门进行先期审查。

第九条　凡属无效、虚假合同，项目负责人和所在单位（部门）承担由此产生的全部责任。学校保留追究项目负责人责任的权利。

第十条　合同签订后，项目负责人应按照合同的要求组织开展研究工作，保证项目按时、按质、按量完成。项目执行过程中，因技术上无法克服的困难或不可抗力等因素造成不能继续履行合同或部分违约，需要变更或解除时，项目负责人应及时通知委托方，并签订书面协议，经分管校领导批准，可以变更或解除原合同。

第十一条　事前未认可变更合同，计划进度截止时项目负责人不能以任何理由不完成合同条款。合同发生纠纷，协商不成的，依据《中华人民共和国民法典》及有关规定解决。

第十二条　项目负责人一般不得随意更换。遇有特殊情况需要变更项目负责人的，应由项目负责人在项目结题前3个月提交《湖南铁道职业技术学院横向项目负责人变更申请表》（附件3），经委托方和项目负责人所在单位（部门）签字同意后，报科研处备案。

第十三条　横向项目按合同要求完成后应及时结题。项目负责人按照合同约定联系委托方进行验收，持《湖南铁道职业技术学院横向项目结题审批表》（附件4）及研究成果（含图纸、技术文件、实物照片、研究报告等）全套资料申请结题。结题后的合同纠纷等相关事宜由项目负责人继续负责。

第十四条　科研处要适时对涉外横向项目负责人进行教育培训，对项目进行督导检查。涉外横向项目拟提交的研究成果，包括在境内外公开发表的论文，要严格遵守国家保密规定，不得提供、引用未公开发表或不宜对外公布的统计数据、调查材料、内部资料等。成果在正式提交或发表前必须交科研处、宣传统战部联合审核。

第十五条　横向项目实施过程中所产生的科研成果及专利等知识产权，按合同约定成果归属；合同中没有明确归属的，均归学校所有，未经学校授权不得私自转让或许可实施。

第十六条　横向项目经费必须进学校财务账户，坚持做到统一管理、集中核算、专款专用，任何单位和个人无权截留、挪用。

第十七条　学校财务处在资金到账后依照合同约定及时开具税票；横向项目所发生的所有税费由财务处代扣、代缴，相关税费由项目组自行承担。

第十八条　技术开发和技术转让类合同经过主管部门技术认定后可以享受国家有关减免税优惠政策，学校协助项目负责人办理技术合同认定手续。凭合同和登记机构出具的"技术合同登记表"至财务处办理相关减免税手续。

第十九条　项目经费实行预算管理，由项目负责人按照合同约定管理使用；在合同中没有约定的，经费预算及报销流程按照《湖南铁道职业技术学院横向科研项目经费管理办法》和学校财务管理有关规定执行。

第二十条　项目实施过程中需经常性使用学校仪器设备的，学校可适当收取公共资源占用费或设备使用费，具体标准由学校有关部门制定。具备按水电表收费条件的横向项目，经学校后勤部门和所在学院确认，学校后勤部门出具证明并报学校科研处备案后，根据实际使用水电情况交纳水电费。未具备按表收费条件的项目，按每次到款中我校实得经费提取 4% 水电费，交学校财务。

第二十一条　为委托方或合作方购置的仪器、设备为代购仪器设备，其产权归属须在合同中明确约定，按照学校文件规定办理相关手续后，可不纳入学校固定资产管理。原则上，代购仪器设备费不得超过到账金额的 50%，且在订立合同时须附上拟采购的设备清单及金额，由此造成的相应税费、税务风险由项目组和项目负责人承担。

第二十二条　经委托方同意，外协给校外单位协作承担项目部分研究工作的费用为外协经费，应与相关单位签订合同并注明协作内容。该费用不得超过到账经费的 50%。外协经费支出按照合同约定的拨付额度、拨付方式、开户银行和账号等条款办理。

外协经费原则上不得拨至有关联关系的校外合作单位（以下简称关联单位）。关联关系是指横向项目的相关人员与校外合作单位存在直接或间接的权益或利害关系，包括但不限于横向项目的项目负责人、联系人、项目组成员、项目执行过程中相关事项的经办人等为受托方的法定代表人、股东、合伙人、雇员或存在直系亲属关系等的关联情况。

第二十三条　为鼓励广大教职工积极承担横向项目，确保时间紧、任务重的重大横向项目的顺利实施，年度实际到位经费达到下列要求的，项目负责人可在项目实施期内申请教学工作量置换（见下表）。实际到位经费是指合同经费除去代购仪器设备费、水电费及外协经费后的可用经费。

教学工作量置换表

序号	实际到位经费	教学工作量（教分）	备注
1	30万元<年度到位金额累计≤60万元	48	加工类项目的实际到位经费需要达到技术研发类项目的3倍及以上，才能申请置换同等档次教学工作量
2	60万元<年度到位金额累计≤90万元	96	
3	年度到位金额累计>90万元	144	

教学工作量置换从经费到账时开始启动，由项目负责人申请，经所在单位（部门）领导批准后实施，报科研处、教务处、人事处备案；相关部门根据学校有关规定置换为相应的日常教学工作量。

第二十四条 学校鼓励科技成果转化，使用市场横向项目经费向科研人员发放的津贴、补贴、奖金等资金和按照相关规定使用职务发明成果转让收益向职务发明完成人、科技成果转化重要贡献人员和团队发放的奖励，不纳入学校绩效工资总量管理。

第二十五条 合同履行过程中，严禁随意调整合同内容，项目负责人及其他参与人员侵犯学校权益、损坏学校声誉、造成经济损失者，由学校追究相关责任人的行政责任，追索经济赔偿等。

第二十六条 为加强横向项目风险管控，项目实施过程中的大宗物料采购、运输等相关事宜由项目负责人所在单位与资产管理处、保卫处等相关部门协调妥善处理。

第二十七条 本办法相关附件是指导性示范文本，可根据实际情况适时进行调整完善。

第二十八条 本办法自公布之日起施行。本办法与上级相关规定不一致的，以上级文件规定为准。

第二十九条 本办法由科研处、人事处负责解释，有关重大异议由校学术委员会裁定。

附件：
1. 湖南铁道职业技术学院横向项目合同前置审核表
2. 湖南铁道职业技术学院科研人员科研诚信承诺书
3. 湖南铁道职业技术学院横向项目负责人变更申请表
4. 湖南铁道职业技术学院横向项目结题审批表

附件1：

湖南铁道职业技术学院横向项目合同前置审核表

项目名称						
项目负责人		所在部门		职称		
研究期限		年　月　日 至　年　月　日		电话		
合同总金额 （万元）		其中设备费 （万元）		其中外协 经费（万元）		
委托方	名称			联系人		
	地址			联系电话		
项目组成员	姓名					
	部门/ 单位					
	职称					

责任保证：

1. 已认真查实合作方的法人资格、履行能力和信誉。

2. 严格遵守《中华人民共和国民法典》，保证合同内容真实、可靠、合法，并按照学校有关规定订立、履行合同。

3. 保证按质、按量、按期完成任务。

4. 保证合理、合规、合法支出依合同取得的经费。

5. 努力按质、按量、按期完成合同约定的任务。

6. 在合同执行过程中出现问题应及时上报学院（系、所）和科研处。

7. 维护学校声誉，保护知识产权，保证本项目无知识产权争议。

8. 如果导致学校经济和名誉损失，同意承担相应的责任。

9. 由项目组自身的原因造成的合同违约，由项目负责人承担一切违约后果。

项目负责人签字：

年　月　日

续上表

所在部门意见：

1.研究项目技术上、经济上是否可行　　　　　是□　否□

2.项目组成员的研究时间以及设备等条件能否保证是□　否□

3.项目组是否具备本合同的履约能力　　　　是□　否□

4.是否同意签订本合同　　　　　　　　　　是□　否□

签字：（公章）

年　　月　　日

附件2：

湖南铁道职业技术学院科研人员科研诚信承诺书

本人承诺严格遵守中共中央办公厅、国务院办公厅《关于进一步加强科研诚信建设的若干意见》和《湖南铁道职业技术学院学术道德与科研诚信管理办法(试行)》等相关规定，在科研项目申报、评审和实施全过程中，恪守科学道德准则、遵守科研活动规范、践行科研诚信要求，严格按照相关管理规定和合同书约定，杜绝以下违背科研诚信的行为：

1.弄虚作假，虚构项目或骗取科研项目、科研经费以及奖励、荣誉等；

2.在项目申报、执行和验收过程中抄袭他人科研成果，故意侵犯他人知识产权，捏造或篡改科研数据、图表，夸大或虚构项目取得成果，或无正当理由不按项目合同书约定执行；

3.购买、代写、代投论文，虚构同行评议专家及评议意见；

4.未参加研究而在研究成果、学术论文上署名，未经他人许可使用他人署名，虚构合作者共同署名；

5.违反科研经费管理规定，套取、转移、挪用、贪污科研经费，谋取私利，将科研经费挪用于非科研用途，在科研经费中报销应由个人承担的费用等；

6.其他违背科研诚信行为。

如违背上述承诺，本人愿意接受相关部门作出的各项处理决定，以及接受相应的党纪政纪处理等。

项目负责人(签字)：

年　　月　　日

附件 3：

湖南铁道职业技术学院横向项目负责人变更申请表

项目名称			
委托方		项目负责人	
项目研究 起止时间	年　月　日 ——　年　月　日	合同金额 （万元）	
变更原因 说明			
变更双方 承诺	为保证委托方权益和横向项目的正常开展，变更双方承诺，按项目合同约定和相关课题管理办法，商定科研工作量分配、经费使用，妥善办理移交手续。 　　原负责人（签字）：　　　　　　　新负责人（签字）： 　　　　年　月　日　　　　　　　　　　年　月　日		
所在部门 意见	负责人：（公章）　　年　月　日		
委托方 意见	负责人：（公章）　　年　月　日		
科研处 意见	负责人：（公章）　　年　月　日		

附件4:

湖南铁道职业技术学院横向项目结题审批表

委托方					
项目名称					
项目负责人			参与人员		
合同经费(万元)			结余经费(万元)		
验收组成员	角色	姓名	工作单位	职称/职务	签名
	组长				
	组员				
	组员				

主要成果(简要技术说明,成果被采用和推广应用前景)(要求附件佐证):

验收意见(项目是否按时完成、是否达到预期目标、成果使用情况等):

验收组组长:　　　年　月　日

委托方意见:

负责人:(公章)　　　年　月　日

科研处意见:

负责人:(公章)　　　年　月　日

附录六　促进科技成果转化管理办法(试行)

第一章　总则

第一条　为规范学校科技成果转化工作,加速科技成果转化进程,促进科技成果转化为现实生产力,依据《国务院实施〈中华人民共和国促进科技成果转化法〉若干规定》《教育部科技部关于加强高等学校科技成果转移转化工作的若干意见》《教育部办公厅关于进一步推动高校落实科技成果转化政策相关事项的通知》《关于扩大高校和科研院所科研相关自主权的若干意见》等文件精神,结合学校实际,特制定本办法。

第二条　本办法所称科技成果是指学校所属单位或个人(以下统称成果完成人),利用学校的物质技术条件,通过科学研究与技术开发或者执行学校工作任务所产生的职务科技成果,包括但不限于专利、计算机软件、商标、集成电路布图设计、学术作品、技术秘密等技术、工艺、方法、产品等,其所有权归属学校。

第三条　本办法所称科技成果转化是指为提高生产力水平而对科技成果所进行的后续试验、开发、应用、推广直至形成新技术、新工艺、新材料、新产品,以及发展新产业等活动。

第四条　科技成果转移转化工作应坚持解放思想、激发活力、权责一致、利益共享、公平公正、奖惩分明的基本原则,遵循集体决策、分级审批、规范管理、公开透明、程序简化的管理规则。

第五条　学校根据不同的科技成果转化方式,将科技成果转化活动分Ⅰ类项目和Ⅱ类项目共两类项目进行管理。其中,科技成果转化Ⅰ类项目指科技成果转让、许可;科技成果转化Ⅱ类项目指科技成果作价投资,包括成果完成人自行投资创办企业、校外机构投资转化。

第二章　组织管理

第六条　学校成立科技成果转化工作领导小组,由校长任组长,分管科研、人事、财务等工作的校领导任副组长,成员由纪检监察处、二级学院、科研处、人事处、财务处、资产管理处、产教融合处等部门主要负责人组成。

第七条 学校科技成果转化工作领导小组各成员部门根据自己业务领域相关规定修订相应办法,加强对科技成果转化的组织、管理和协调。各自职责如下:

(一)纪检监察处对科技成果转化过程进行监督检查,对借机谋取私利、搞利益输送的违纪违法问题依法依规严肃查处。

(二)二级学院负责探索建立以创新创业为导向的人才培养机制,完善产学研用结合的协同育人模式。

(三)科研处负责科技成果转化活动各个环节的具体管理,为成果完成人做好科技成果转化提供理论支撑和智力支持。

(四)人事处负责建立健全涉及科技成果转化的科技人员兼职兼薪、离岗创业、返岗任职、职称晋升等管理制度和办事流程,明确各参与方的权利、责任和义务。

(五)财务处负责科技成果转化收益及作价投资的核算、分配等。

(六)资产管理处负责制订科技成果登记、使用、处置、资产评估备案方面的制度,负责科技成果价值评估、作价投资的具体手续办理等,维护国有资产完整。

(七)产教融合处负责对科技成果通过多种途径进行宣传、推介和推广。

(八)成果完成人和所在学院是科技成果转化的直接责任人,对成果的真实性、实用性和完整性负责。

第八条 全校师生应按要求将科技成果进行梳理、整理、登记、归档、报备,纳入学校统一管理。学校建立统一的科技成果管理信息网络服务平台,为科技成果的登记、管理、查询、统计、使用、处置、对外宣传与校企对接服务等工作提供便利。

第三章 转化实施

第九条 对于科技成果转化I类、II类项目,转化程序如下:

(一)资产管理处负责对科技成果进行价值评估,应充分征询、尊重成果完成人的意见,及时反馈评估结果。其中,科技成果进行转让时,须委托具备相应资质的资产评估机构进行评估,形成价值评估报告。

(二)科研处、资产管理处与成果完成人共同参与成果受让方的谈判并制订转化方案。成果定价可以采用协议定价、技术市场挂牌、竞价拍卖等多种方式。

(三)科研处对成果完成人及单位、成果简介、拟交易价格、受让单位或个人等信息通过学校网站进行公示,公示时间为 15 个工作日。公示期内无异议的,按学校分级审批管理原则办理成果转化相关手续;公示期内有异议的应中止交易,待核实相关情况后重新公示。

(四)科研处、资产管理处配合成果完成人完成科技成果转化合同签订。合同生效后,成果完成人应自觉履行合同中规定的责任、义务,相关单位应认真组织、督促落实。对于合同履行中出现的意外和纠纷,成果完成人应积极配合学校与受让方协商解决;不能达成时,应申请仲裁或向法院起诉。

第十条 产教融合处对确有市场价值、成熟度较高的科技成果通过多种途径进行宣传、推介和推广。

第四章 收益分配

第十一条 本办法所称"收益"是指成果转化所产生的一切权益,包括转让费、利润分成(或收入提成)、技术(成果)入股的股权收益及其他与成果转化相关的所有权益。

第十二条 科技成果转化项目合同中对收益分配有约定的,按照合同执行;没有约定的,其项目具体收益分配方法和管理流程规定如下:

(一)科技成果转化 I 类项目,将成果转化净收益的 85% 奖励给成果完成人,成果转化净收益的 15% 按 2∶1 分配给学校和二级学院。成果转化净收入一般以许可、转让合同实际交易额扣除完成本次成果转化交易发生的直接成本来确定。直接成本包括科技成果评估评价费,拍卖佣金等第三方服务费,以及与科技成果转化相关的税金等。

除涉及国防、国家安全、国家利益、重大社会公共利益外,两年内未转化的专利,学校可以采取挂牌交易、拍卖或批量挂牌转让等方式进行转化,具体价格以实际成交价格为准；对于成果完成人不再维持的专利，由学校统一信托给第三方机构处理。

(二)科技成果转化Ⅱ类项目，原则上成果定价需在500万元以上，以此成果作为技术支撑创建企业时，资产管理处代表学校持有不少于企业全部股权的10%，成果完成人持有剩余的约定股权，成果完成人之间的持有比例由内部协商解决。成果完成人可优先对学校持有股份选择回购，回购流程严格按照国有资产转让有关管理办法进行，避免出现国有资产流失贱卖等情况。

(三)科技成果转化Ⅰ类、Ⅱ类项目相结合的方式进行转化的项目，将收益的85%以股权奖励的形式奖励给成果完成人，收益的15%以现金奖励的形式按照2∶1的比例分配给学校和二级学院。

第十三条　科技成果转化Ⅰ类项目中，对取得职务科技成果现金奖励的，科研处将相关信息通过学校网站进行公示，公示信息包含科技成果转化信息、奖励人员信息、现金奖励信息、技术合同登记信息、公示期限等内容。公示时间为15个工作日，公示期内无异议的，科研处按学校分级审批管理原则办理相关手续，并将公示信息结果和个人奖励数额形成书面文件留存；公示期内有异议的，科研处组织认真调查核实并公布调查结果。

第五章　政策保障

第十四条　学校建立健全支持科技成果转化的人事人才工作制度和运行保障机制，协调处理人才培养、科学研究和社会服务等方面的关系，保障学校各项工作可持续发展。

人事处建立和完善科技人员在岗兼职、离岗创业和返岗任职、校企双方专业人员交流任职等制度，对在岗兼职人员的兼职时间和取酬方式、离岗创业期限、离岗创业期间和期满后的权利和义务及返岗条件做出规定并在校内公示。

专业技术人员在岗创业或留职离岗创业期间，与在岗人员同等享有参加职称评定、岗位等级晋升的权利，创业期间从事本专业工作取得的科技成果和业绩，可作为职称评定、岗位等级晋升等方面的依据。

第十五条　积极引入技术转移机构，充分发挥市场调节作用，加强科技成果转化专业队伍建设。

第十六条 支持科研团队结合地方经济、区域经济的要求，依托学校学科和专业优势，以专有技术、专利技术出资，与地方政府、企业联合建立研究院。研究院的设立、运行等，依照学校相关办法实施管理。地方政府、企业投入研究院的经费纳入学校科研经费总量。

第十七条 二级学院探索建立以创新创业为导向的人才培养机制，完善产学研用结合的协同育人模式。积极与企业联合建立学生实习实训和教师科研实践等教学科研基地，提高学生创新创业实践能力。为学生创新创业提供力所能及的场地，以及信息网络、商事、法律服务，建立微创新实验室、创新创业俱乐部等，发展众创、众包、众扶、众筹空间等新型孵化模式。

第六章 责任与义务

第十八条 科技成果转化活动应遵循自愿、互利、公平、诚信的原则，遵守国家法律法规，符合国家和地方的产业政策，节约资源和保护环境；科技成果转化活动应维护国家和学校利益、协调集体和个人利益。

第十九条 对于下列情形之一的，学校将根据不同情况，对当事人给予批评、追究行政责任、原则上三年内不得晋升职称职务、解除聘任等处分，情节严重的，追究其法律责任。

（一）违反国家有关法律法规和学校相关规定，侵犯学校知识产权，擅自对外转化或者变相转化职务科技成果。

（二）将职务科技成果及其技术资料据为己有，并阻碍学校科技成果转化。

（三）在科技成果转化过程中，转化收入不入学校统一账户。

（四）除所签订合同条款约定外，私自向受让方索取或接受现金和其他物品。

（五）除不可抗拒因素，未能履行合同，造成合同纠纷，严重损害学校声誉和权益。

（六）未经许可，向成果受让方提供超出合同规定的技术资料。

（七）科技人员故意夸大技术成熟度和技术水平，或提供虚假技术资料，引起合作纠纷。

（八）科技人员提供非专有技术，造成知识产权纠纷。

（九）学校各类人员（包括在编人员、离退休人员、合同制人员、在校大学生等）违反相关规定，造成学校职务科技成果流失。

第二十条　科技成果转化中产生的经济赔偿（或补偿）等经济责任按照合同约定执行。合同无约定的，按责任大小及获益比例由收益方进行分担，其中，学校、二级学院、成果完成人分别按赔偿总额的8%、2%、90%承担赔偿责任，学校和院（所）的赔偿从相应的管理费中支付，成果完成人的赔偿从其个人收入中支付。

第二十一条　科技成果转化过程中，在对科技成果进行价值评估后，通过技术交易市场挂牌、拍卖等方式确定价格的，或者通过协议定价并按规定在校内公示的，学校相关领导、工作人员在履行勤勉尽职义务、没有牟取非法利益的前提下，免除其在科技成果定价中因科技成果转化而后续价值变化所产生的决策责任等。

第二十二条　对于积极维护学校权益，检举揭发侵害学校知识产权的单位或个人，学校将视不同情况给予相应的奖励或授予荣誉称号。